这样说 孩子才肯听
这样听 孩子才会说

程靖昕 ◎ 著

中央编译出版社
Central Compilation & Translation Press

图书在版编目(CIP)数据

这样说孩子才肯听 这样听孩子才会说 / 程靖昕著. —— 北京：中央编译出版社, 2016.1
ISBN 978-7-5117-2868-5

Ⅰ. ①这… Ⅱ. ①程… Ⅲ. ①家庭教育 Ⅳ. ①G78

中国版本图书馆CIP数据核字(2015)第 278542 号

这样说孩子才肯听 这样听孩子才会说

| 出 版 人：刘明清
| 出版统筹：董　巍
| 策划编辑：黄海明
| 责任编辑：韩继海
| 责任印制：尹　珺
| 出版发行：中央编译出版社
| 地　　址：北京市西城区车公庄大街乙 5 号鸿儒大厦 B 座(100044)
| 电　　话：(010) 52612345 (总编室)　　(010) 52612313 (编辑室)
| (010) 52612316 (发行部)　　(010) 52612317 (网络销售)
| (010) 52612346 (馆配部)　　(010) 55626985 (读者服务部)
| 传　　真：(010) 66515838
| 经　　销：全国新华书店
| 印　　刷：北京柯蓝博泰印务有限公司
| 开　　本：640 毫米×960 毫米　1/16
| 字　　数：140 千字
| 印　　张：18
| 版　　次：2016 年 1 月第 1 版第 1 次印刷
| 定　　价：39.80 元

网　　址：www.cctphome.com　　邮　　箱：cctp@cctphome.com
新浪微博：@中央编译出版社　　微　　信：中央编译出版社(ID：cctphome)
淘宝店铺：中央编译出版社直销店(http://shop108367160.taobao.com)　(010)52612349

本社常年法律顾问：北京嘉润律师事务所律师　李敬伟　问小牛
凡有印装质量问题，本社负责调换。电话：(010) 55626985

前 言
Preface

很多父母都发现,当孩子慢慢长大后,无论怎么苦口婆心、唇焦舌敝,孩子就是不听话,着实让人烦恼。于是,心烦气躁的父母常常忍不住甩出一句话:"你这孩子怎么这么不听话?"

家长觉得孩子不听话,问题出在孩子身上。其实,大多数情况下,是家长还没有学会如何跟孩子说话。

很多家长更关心自己说了什么,却甚少关心孩子听了什么,很少关注孩子的想法。

可是,人为什么要说话?说话的目的就是为了沟通和交流。沟通好了,交流到位了,原来不理解的就能够理解,许多误会也能够消除。

家庭教育最重要的是家长与孩子之间的对话、沟通、交流。只有注重亲子间的有效交流,家长才能顺利地将孩子培养成才。当家长掌握了说话的技巧后,孩子对家长教育的逆反和抵抗就会减少,变得听话,并且向父母期望的方向努力。

如果话说不到孩子心里去,即便父母的话多么有理,又能拿孩子怎么样呢?记住,不管父母的话多有道理,只要孩子不肯听,不爱听,就是废话,就是错话!

要想让孩子肯听、爱听自己的话,家长就需要掌握说话的艺术和问话的技巧,这在与孩子的交流中具有十分重要的作用。

首先,家长要把自己也变成孩子,走进孩子的世界,和孩子融成一片。父母是否拥有一颗赤诚之心,将直接影响到他与孩子的交流。要和孩子密切相处,多关心孩子,从他们的语言及行为中了解他们的想法、喜好以及内在需要。

其次,家长一定要学会倾听,重视孩子说的话。如果孩子发现爸爸妈妈十分重视自己说的话,那么他也会很愿意听父母说话。如果父母在孩子说话时总显得心不在焉,或目不转睛地盯着自己喜爱看的电视节目,或一直看着手中的书,那么孩子"依葫芦画瓢"也就不足为怪了。

家长不能光顾自己说,还要注意孩子的反应与态度。现代父母工作忙碌,时间紧张,所以在和孩子说话时常常急着表达出自己的意见和指示,期望孩子能乖乖照自己的话做,最好不要有意见,而忽略了孩子的反应。和孩子说话时,如果不了解他们的想法及立场,就会使孩子觉得和父母谈话是件很难受的事,如此,孩子就会下意识地避免与父母接触,凡事不愿向父母透露,久而久之,亲子间的代沟必然越来越深。

与孩子说话不是随时随地都可以进行,当孩子正专心地学习或做着自己喜欢的事情时,或孩子的心情不好时,父母所说的话再有道理,他也是听不进去的。因而,父母要根据孩子的具体情况选择并把握教育时机,与孩子进行交流。

另外,家长要注意运用适当的语气与声调,避免说"我命令你……""我警告你……""你最好赶快……""你真笨""你太让我失望了"等带有指挥、命令、警告、威胁、责备、漫骂、拒绝等负面意义的话,避免喋喋不休、唠叨不断。

……

总而言之,和孩子沟通是一门艺术。父母的语言是雕琢孩子成才的最锐利的刻刀,语言的力量无穷大,足以影响孩子一生。父母说话得体,每句话都能说到孩子心里去,孩子离成才的距离就会更近一步。父母的一句话,往往能改变孩子的一生。相信读完本书后,您一定会成为最会说话的家长,每一句话都能说到孩子的心里去!

目 录
Contents

第一章 人无完人，对孩子的缺点宽容些 ………… 1
  1. 没有"完美"的孩子 ………………………… 1
  2. "屡教不改"，也要再多给些机会 ………… 4
  3. 引导孩子学会"自我反省" ………………… 7
  4. 善待孩子的"谎言" ………………………… 11
  5. 禁用"恶语"伤害孩子 ……………………… 15
  6. 让孩子自己选择，更容易解决问题 ……… 19
  7. 肯定式批评，先说"Yes"再说"No" ……… 23

第二章 善于倾听，搞明白孩子的真实意图 ………… 28
  1. 听懂孩子的"话外音" ……………………… 28
  2. 接纳孩子的负面感受 ……………………… 33
  3. 你的感受不等于孩子的感受 ……………… 37
  4. 让孩子感觉到"你在听" …………………… 39
  5. 与孩子一起幻想未能实现的愿望 ………… 44
  6. 善问、巧问、启发式提问 ………………… 50
  7. 注意：提问不是责备的前奏 ……………… 55

第三章 唠唠叨叨,不如把话说到点子上 ………… **59**

1. 你属于哪一类的"唠叨型家长"? ………… 59
2. 喋喋不休,不如问到点子上 ………… 65
3. 磨破嘴唇,不如动笔交流 ………… 68
4. 换位思考,才能冷静开口 ………… 73
5. 适当沉默,无声胜有声 ………… 76
6. 不明说,巧暗示 ………… 79
7. 善用幽默,化解冲突 ………… 82

第四章 给孩子好感受,孩子才有好脾气 ………… **85**

1. 孩子为什么爱发脾气? ………… 85
2. 让孩子有适当发泄的机会 ………… 89
3. 父母宽容,孩子才能大度 ………… 92
4. 稳住情绪,不被孩子激怒 ………… 95
5. 和孩子一边做事,一边谈心 ………… 100
6. 当着孩子面,父母不能互相"拆台" ………… 104

第五章 态度不对,所有说教都是白费 ………… **108**

1. 嘲笑讽刺,打击孩子自尊 ………… 108
2. 期望太高,引起孩子逆反 ………… 111
3. 以暴制暴,造成矛盾激化 ………… 116
4. 别让"溺爱"毁了孩子的前程 ………… 120
5. 禁止给孩子贴上"笨"的标签 ………… 124
6. 滥施表扬,当心"捧杀"孩子 ………… 128
7. 以身作则,为孩子树立人生榜样 ………… 134

第六章　抓住时机，摸准孩子心理说准话 ………… **139**

1. 准确把握孩子的气质 ………………………… **139**
2. 对症下药：了解孩子的气质再说话 ………… **144**
3. 把握时机，在合适的时间说对话 …………… **153**
4. 利用场景，深入交流事半功倍 ……………… **158**
5. 不适合"教子"的几种情景 …………………… **160**
6. 就事论事，切勿借题发挥 …………………… **165**
7. 读懂孩子，拒绝也要因人而异 ……………… **167**

第七章　尊重孩子，平等的谈话造就独立的人格 … **171**

1. 给孩子自由的时间和空间 …………………… **171**
2. 给孩子争辩的权利 …………………………… **175**
3. 放下身架，"蹲着"说话 ……………………… **178**
4. 参与孩子的活动，做"拉拉队" ……………… **183**
5. 尊重孩子的兴趣爱好 ………………………… **187**
6. 营造和谐快乐的家庭氛围 …………………… **190**
7. 做错了，就真诚地向孩子道歉 ……………… **195**

第八章　平等交流，把孩子当"合作伙伴" ………… **198**

1. 孩子也要给"面子" …………………………… **198**
2. 平等交流，赢得孩子的真心合作 …………… **201**
3. 多商量，少命令 ……………………………… **204**
4. 大人说话，孩子也有发表意见的权利 ……… **209**
5. 主动将自己的感受告诉孩子 ………………… **213**
6. 真诚沟通，建立信任 ………………………… **217**
7. 言而有信，许下承诺就要兑现 ……………… **219**

第九章　善于鼓励，让自信的阳光照进孩子的心 --- 222

1. 好孩子是"夸"出来的 …………………… 222
2. 记住孩子那些"特别时刻" ……………… 226
3. 孩子努力了，就要及时给予肯定 ………… 230
4. 正面评价孩子，并让孩子无意中听到 …… 235
5. 允许孩子在想象的空间自由游走 ………… 237
6. 物质奖励不如精神激励 …………………… 241
7. 会玩儿也是好事 …………………………… 245

第十章　言传身教，培养孩子优良品格 …………… 250

1. 让孩子养成为他人着想的习惯 …………… 250
2. 鼓励孩子正确交友 ………………………… 255
3. 文明礼貌是孩子的"身份证" ……………… 259
4. 让孩子学会说"谢谢" ……………………… 262
5. 创造机会，鼓励孩子自强自立 …………… 267
6. 责任是成长的第一步 ……………………… 270
7. 引导孩子在失败中成长 …………………… 274

第一章

人无完人,对孩子的缺点宽容些

1.没有"完美"的孩子

世上本就没有十全十美的人,更何况正在成长的孩子呢?而且,孩子身上所谓的优点和缺点往往是辩证的,表面看是缺点,实质却可能包含着优点的潜能。辩证法告诉我们,一切事物都处于转化之中,在一定的条件下,一个孩子的缺点是能够转变成优点的。

人的能力从生下来那天起,就是在各种客观因素的影响下而成长起来的。因此,作为缺点表现出来的东西,也可以说是客观形成的一种能力。既然是作为能力养成的,就很难完全矫正。无论是缺点还是优点,就如同我们现在无法改变过去的事一样,是既成事实，无论如何都不能否认。我们所能做的就是反省过去，从中吸取经验教训，重新沿着正确的方向努力。

当孩子感觉到自己不如别的孩子做得好时，他们会对自己的能力产生怀疑，然后到父母那里寻求一个证实或者一些安慰。这时，父母要做的不是在孩子的伤口上撒盐，而应宽容、鼓励孩子，让孩子始终对自己充满信心。

每个孩子的能力都是不同的，他们总会在一些方面有不足甚至缺陷。如果连父母都看不起他们，甚至嘲笑他们，孩子必定会更加自卑，甚至自暴自弃，这会毁了孩子的一生。

所以，赏识孩子，不仅表现在夸奖孩子的优点和长处，也不只是激励孩子更加努力和勇敢，还包括如何正确对待孩子的缺点、短处甚至是身体的缺陷。包容孩子的缺点，可以帮助孩子克服缺点、弥补缺陷，从而健康地成长。

何丽已经上幼儿园了，她最不喜欢上的就是手工课，因为她总是不能顺利地做好老师教的东西，她的手不像其他孩子那样灵巧。为此，她非常苦恼，回家问妈妈，妈妈对她说："每个人的能力是不一样的，你可能不如别人手巧，可你也有很多他们没有的优点。再说了，妈妈小时候还不如你呢，你看我现在不是什么都会做吗？"

妈妈的话让何丽信心大增："对啊，我虽然不如别人手巧，但我能唱出好听的歌曲，还会给其他孩子讲故事。"

上小学后，何丽讨厌上了体育课，因为很多体育项目她都做不好，她不如其他孩子跑得快，不如其他孩子跳得高，甚至连一些简单的动作都不能顺利地完成，体育老师经常说她"笨"。看着别的同学在操场上快乐地跑着、跳着，她只能伤心地掉眼泪。

她去找爸爸诉苦,爸爸把何丽揽在怀里,心痛地对她说:"不是你笨,是爸爸不好,把这个缺点遗传给了你,我小时候还不如你做得好呢,不信你看……"爸爸说着,非常笨拙地在地上做了一个前滚翻的动作。看着爸爸笨笨的样子,何丽不禁笑了起来,原来,这么优秀的爸爸也有缺点。

对于孩子的缺点或生理上的缺陷,父母应该通过自己的赏识和鼓励,给他们生活的自信和勇气。有时甚至需要一些善意的谎言,巧妙地"骗"一下孩子,让孩子在谎言中忽略自己的缺点,抹平心中的自卑。

那么,怎样才能做到宽容孩子的缺点,教育好孩子呢?

(1)接受、同情孩子的缺点

孩子并非生来就不同,他的某些缺点可能是他的个性所致,这不完全是他自己所能控制的,所以,父母不能以"孩子不应该这样"的想法来教育孩子,而要同情孩子的缺点。如果要改正缺点,孩子需要付出更多的努力,这其实从另一个角度证明了孩子的优秀,父母应该注意这一点。

只有接受、同情孩子的缺点,父母才能心平气和地帮助孩子纠正缺点,所以在教育孩子上,心态决定一切。

(2)不要直接指责孩子的缺点

人都喜欢听赞扬的话,他们不是不知道自己有缺点,只是不愿意别人说得太清楚。所以,父母不要直截了当地指出孩子的缺点,那只会引起孩子的反感。这是一种本能的自我保护。

在指出孩子缺点的时候,最好先赞扬他的优点。孩子很粗心,你可以先夸他做事果断,就是不够细心;孩子语文不好,数学不错,你可以先夸他数学厉害,然后说,如果语文能再加把劲,那就更厉害了。

(3)避免错误的家教观念

让孩子变得出色是父母的最大心愿。然而,父母教育孩子的错误观念以及由此导致的错误家教方法,不仅不能纠正孩子的缺点,反而会影响孩子的健康成长。

比如,一味批评和指责孩子,认为棍棒出才子,企图用这种压力迫使孩子改正缺点,这种想法显然是错误的,只会使孩子越来越没有信心,让情况变得越来越差。错误的方法只能得到错误的结果,因此,家长在抱着教育孩子改正缺点、发扬优点的美好愿望的同时,千万不要一厢情愿,不讲科学,采取这些错误的方法来教育孩子。

2."屡教不改",也要再多给些机会

一些家长反映自己的孩子老是在同一件事上犯同样的错误,尽管大人百般提点、催促,他依然不改。例如,进家门老忘穿拖鞋,每次回到家鞋一脱,光着脚丫就进屋了;做作业马虎,提醒过的错字总是一遍遍地错,似乎永远都记不住……每当你对他谆谆教导、循循善诱,他虽虚心接受,却总是屡教不改;而一旦你终于狠下心决定"以武服人"时,他却先声夺人,哭声震天,而后

依然我行我素,让父母真不知该如何是好。

东东放学后喜欢和同学在操场上玩,常常玩得忘记按时回家。为此,妈妈很生气,总是对他大吼大叫:"我已经听够你的借口了,再也不相信你了。这次你要接受惩罚。从下周开始,每天放学就回家,不能出去,也不能看电视。我不在的时候,会让姐姐看着你。回你自己的房间吧,晚饭已经没了。"可这样做并没有达到预期的效果,东东还是很晚才回家。

有一天,东东和同学在操场上玩得正开心,忽然想起问时间,才知道已经比规定回家的时间晚了半个小时。东东不想让妈妈对自己发脾气,于是立马不玩了,拼命往家赶。回到家后,他向妈妈解释:"我真的问时间了,但已经晚了,我是用最快的速度跑回家的。"

而妈妈也采取了与以往不同的做法。她说:"你虽然尽力往家赶,但我还是不高兴。我不想再看到你那么急急忙忙的,我希望你答应什么时候到家就能做到。我们已经吃过晚饭了。厨房也没剩什么吃的了,你要愿意就自己做个蛋炒饭吧。"

东东想:"妈妈真生气了。从现在开始,我一定要按时到家,她既然相信我,那我就不能让她失望……我也不想自己做蛋炒饭。"

妈妈采用这样的方法之后,东东果然比以前早回家了。

随着孩子日渐成长,那些说大不大、说小不小的"顽症"令父母们伤透脑筋、束手无策。孩子积习难改,究其根源,是因为形成了心理惯性和心理依赖。对这种孩子,简单的痛打无济于事,因为打骂只是对错误的惩罚,而不是对错误的纠正。其实,每个人都是在不断地改正错误的过程中成长起来的。当孩子犯错误时,家长要充分理解孩子,多从孩子的实际需要出发,多站在孩子的立场上想问题,稍有进步就要及时表扬,还要教给孩子一些改正错误或改掉不良习惯的方法。

以下的小方法,不妨一试。

(1)让孩子做一本记录自己童年生活的杂记簿

事无巨细,只要是在日常生活中发生的点点滴滴都可记录在案。这样做,不仅可以让孩子的每件事都做到有据可查,还能让你清晰地看到孩子成长的过程。也可以让孩子定期写一封"回忆信",回忆自己曾做错的事情,看看现在是否有所改进,写信的周期和频率可根据孩子改进的情况进行调整。

(2)适当地"放权"

例如,早上起床后,让孩子自己选择要穿的衬衫和裤子,罗列一些小家务让孩子选择承担,鼓励他们收拾自己的小天地等。当孩子做出错误的决定时,你可以提醒他这些错误决定可能导致不好的后果。比如说,当他把玩具随意扔到房间的地板上时,你可以告诉他,这样做会导致那些玩具在一段时间内找不到。

然后,你可以和孩子一起做一次"长辈失败研究"。不妨告诉孩子,爸爸妈妈也有失败的时候,举一个他能力范围内所能思考和分析的例子,请他来分析当时爸爸妈妈失败是因为什么,如果是自己遇到类似的情况,又该怎么处理。

(3)多给孩子锻炼成长的机会

人的一生就像小孩学走路的过程,尽管会摔跤,但跌倒后爬起来就是成功。即便孩子摔倒了一千次,但仍有第一千零一次站起来的可能,所以,家长一定要多给孩子成长的机会。

3.引导孩子学会"自我反省"

天下没有教育不好的孩子,只有方法不对的父母。作为家长,首先要有一个平和的心态。"人非圣贤,孰能无过",当孩子犯错误时,把孩子暴打一顿,表面上看是在教育孩子,其实是家长在找补自己的面子。打过之后,自己的情绪得到了发泄,对孩子却无法起到真正的教育作用,甚至会使他自暴自弃。对待孩子犯错屡教不改的问题,应该冷静处理,站在孩子的角度考虑,多理解孩子,倾听孩子的心声,然后用引导的方法来帮助孩子改正错误。

曾仕强教授在《组织行为学》视频讲座中举了一个教育孩子的例子。

小孩子在墙上涂鸦,生气没有用,骂他也没用,但也不能放任。怎么办呢?

曾教授的做法是这样的:

爸爸:(以欣赏的态度告诉儿子说)你画得真好啊,我怎么没发现呢?我觉得我们应该把这个带回去给祖父看。

儿子:画在墙上,怎么能带给祖父看呢?

爸爸:你真聪明啊,我怎么没想到呢?那怎么办?

儿子:画在纸上就可以带过去了呀!

爸爸:好。(拿张纸给儿子)

儿子画完以后,爸爸带儿子去祖父那里时果然把画拿给祖父看,获得了祖父的大力赞扬。儿子非常高兴,很有成就感,回到家里后——

爸爸:在墙上画画吧。

儿子:我不要在墙上画,要在纸上画,画了带给祖父看。

爸爸:那随便你吧。

曾教授得出结论:不能给小孩子讲道理,给孩子讲道理是讲不通的,要根据孩子的心理需求选择更好的沟通方法。

引导是一种根据孩子心理进行启发的教育方式。当孩子不会做某件事情的时候,你需要给孩子做出示范,引导孩子学会如何做;当孩子做错了某件事情的时候,你需要引导孩子自我反省,找到错误的地方,从而改正过来;当孩子取得了一点成功的时候,你需要引导孩子看到更高更远的目标,从一个成功走向另一个成功。

反之,当孩子不会做某件事情的时候,你呵斥他,孩子就会有一种受挫感;当孩子做错了某件事情的时候,你责骂他,孩子就会觉得非常委屈和无助;当孩子取得一点成功的时候,你生硬地说道:"一点点成功,有什么好骄傲的!"孩子的情绪就会立刻陷入沮丧之中。长期生活在这种环境下的孩子,必然会对父母产生极大的怨恨,无法拥有和谐的亲子关系。

教育上有句话叫做"教育是为了不教"。这句话的意思就是说,教育者之所以要教育他人,目的是引导他学会学习的方法,养成自我学习的能力。

有位哲人说:"孩子是伴随着错误长大的。"父母的责任就是不断纠正孩子的错误,让孩子从错误中成长起来。

第一章 人无完人，对孩子的缺点宽容些

孩子长大后总是要走向社会的，不可能永远在父母的保护和指示下生活，所以，他必须学会独立地处理各种事情，此时，引导孩子养成正确处事的方法就显得非常重要。

每个孩子都会经历第一次，第一次做一件事情总会出现这样或者那样的问题，就连父母在教育孩子的时候都会出现问题，更何况是年幼的孩子！他们身心发展不健全，动手能力差，做起事来总是"心有余而力不足"，面对精彩的世界，他们想做一点事情，或者他们想帮大人做一点事，但他们总是做不好，尽管有良好的动机，却总把好事变成坏事。

比如，孩子第一次帮父母洗碗却打碎了碗，第一次帮父母做饭却把饭煮焦了，等等。面对这种情况，有些父母会呵斥："叫你不要洗你偏洗，现在把碗打碎了吧，快走开，我来洗！""连饭都不会煮，真是笨呀！"……这些父母责问的目的是想用直接的方法让孩子自我反省，但在反省之前，孩子的内心已经产生了反感及反抗的心理，因为父母的严厉指责伤害到了孩子的自尊，让他产生了逆反心理。这种情况下，孩子就会有意无意地做出更多的错事，甚至失去尝试的勇气。

晚饭后，一家人正坐在客厅里看电视，这时，隔壁的刘奶奶带着一篮橘子来看4岁的明明。明明最爱吃橘子，他高兴地把一篮橘子藏到自己的身后，然后剥开一个橘子吃了起来。这时，爸爸走了过来，他也拿起一个橘子准备剥开吃，却被明明发现了。明明大叫起来："这是我的，不给你吃！"

爸爸问道："为什么不给我吃？你每天吃的东西都是我给你买的呀！"

明明说:"这是奶奶给我吃的,是我最喜欢吃的,你就是不能吃!"

爸爸又问:"如果别人送我许多你爱吃的东西,你想不想吃?"

明明犹豫了一会儿,说道:"这个……想吃!"

爸爸接着说:"就是嘛,有好东西要学会与人分享,这样大家一起吃起来才高兴。而且,好孩子要有爱心,要懂礼貌,给爸爸妈妈、奶奶都剥一个。"

听了爸爸的话,明明觉得很有道理,便很干脆地答应了爸爸的要求。

面对明明"吃独食"的举动,很多父母可能会说:"这没良心的小祖宗,亏我对你这么好!(责骂)""呵呵,这小鬼倒挺精的。(纵容)""谁说这是你的!橘子上有写着你的名字吗?(对抗)""小兔崽子,不给老子吃,老子就揍你!(恐吓)"这些消极的沟通方式不会让孩子明白爱心的重要性,甚至会让孩子产生一种误解:想要获得东西,就需要通过暴力。

相比于这些办法,明明爸爸的引导显然更有效。

孩子在年幼时往往以自我为中心,这并不是孩子的错,而是孩子的心理决定的。这时候,父母的引导是非常重要的。如果父母对于孩子自私的行为视而不见,或者纵容,甚至责骂、恐吓,不仅不能引导孩子为别人着想,关心爱护他人,还会加剧亲子之间的隔阂。

4.善待孩子的"谎言"

面对孩子撒谎的行为,家长会感到十分痛心和生气,进而大发脾气,大声呵斥甚至打骂孩子。

实际上,孩子说谎不一定是存心想骗别人,造成孩子说的和事实不符的原因是多种多样的。所以,家长在发现孩子撒谎时,应该冷静地分析一下孩子说谎的原因,然后再采取相应的教育措施,这样才能取得良好的效果。

文文属于特别贪玩调皮的那种孩子。一天,他父母约几个朋友到家里看刚装修好的新房子,大家从屋子的装修风格谈到主人的个人素养,并赞美了一番他们身为父母的用心良苦。可是,正当他们在一边高谈阔论的时候,小家伙的破坏开始了,他拿着彩笔在房间里洁白的墙壁上画了一个"神气"的蜘蛛侠。

大人发现后,厉声质问孩子是谁干的,才5岁的文文被吓得不知所措,惶恐地说:"不是我,是豆豆干的。"说着便用手指着站在旁边的邻居家的孩子,还装出一副气呼呼的样子。

文文妈妈便问豆豆:"你说,到底是谁画的?"

豆豆委屈地说:"阿姨,不是我,真的不是我,是文文画的。"一边说一边哭了起来。

难道真的是自己的孩子在撒谎吗?这也难怪,刚刚装修好的房子还没有入住,就被弄"花"了,搁在谁身上都会大发雷霆。可面对这样的情景,文文妈妈的态度却缓和了下来。她先哄了哄豆豆说:"孩子别哭,是阿姨不好,我知道,一定不是你画的,阿姨不会冤枉你!来来来,我们参观一下这是谁的杰作呀?画得这么逼真,还真像电影里面的蜘蛛侠呢!"边说边对朋友们使了个颜色,于是,朋友们便装着夸奖道:"是啊,是啊!听说现在有一种装修风格就叫墙壁绘画,你们这是在哪请的设计师呀?"

做了坏事害怕被责骂的文文此时脸上露出了骄傲的表情:"妈妈,你真的喜欢这幅画吗?"

"是的,真的很喜欢,要是再填充一下颜色就更好看了。"

"妈妈,你还不知道吧,这幅画是我画的!"小家伙这才自豪地承认了。

妈妈拍了拍孩子的脑袋说:"虽然你画得很漂亮,可涂在墙上还是不好的。"

文文说:"妈妈,你真的不骂我了吗?"

"是啊,真的不骂你了,知错就改,还是好孩子。以后要一人做事一人当,敢于承认错误,更不能说谎,知道吗?"

文文听了,惭愧地低下了头,咬着嘴唇说:"妈妈,我知道了,我就是害怕妈妈会打我才说谎的。"

文文妈妈是个睿智的家长,即使是在盛怒之下,也充分运用了自己的智慧,不但让孩子主动承认错误,还利用这件小事给孩子上了人生道路上有意义的一课。

谎言的产生一定是有原因的,它来源很广,对孩子来说,可能就是各种各样的压力,如父母给孩子压力,老师给学生的压力,同学们互相竞争形成的压力,等等。没有哪个孩子天生就爱撒谎,当我们在说孩子说谎的时候,先反思一下自己的行为,也许很快就能找到解决的办法。

其实,孩子说谎并非大人眼中的"道德"问题,切勿盲目批评,否则,很可能真的把孩子"推上说谎"之路。

想要解决孩子的说谎问题,就要了解孩子因什么而说谎,这样才能做到对症下药。

(1)幻想型说谎的孩子

4岁的乐乐不愿上幼儿园,只要一进幼儿园大门,他就哭闹不停,说里面有大老虎。"幼儿园里怎么会有老虎?"张女士觉得儿子在说谎,就训斥了他一顿;但乐乐在幼儿园里仍哭闹不停,说害怕大老虎。老师看他的样子不像"说谎",可幼儿园根本没有老虎啊。后来仔细查找才发现,一个小朋友穿了件虎皮纹罩衣,这就是乐乐口里的老虎。

专家说,处于想象敏感期的孩子会把书本上看到的或很久以前做过的某件事情和现实混混淆在一起,分不清现实和幻想。当乐乐看到虎皮纹罩衣时,就想到了其与虎皮的相似处,区分不出不同,于是出现了幻想型说谎。越是年龄小,想象力、创造力丰富的孩子,越容易出现幻想型说谎。

遇到这种情况,家长不能随便给孩子扣帽子,这样会扼杀孩子的想象力。最好的方法是告诉孩子什么是现实,什么是想象,让他逐渐把现实和想象区分开来,同时教孩子表达自己的想象,比如"我想"、"我希望"。

(2)攀比型说谎的孩子

周周看见邻居小朋友拿着妈妈新买的手枪,他虽然很羡慕,但嘴上却说:"告诉你们,我爸爸买了一支比你还要漂亮的冲锋枪。"

攀比心理是导致周周说谎的原因,他只是为了满足自己的虚荣心,并非有意说谎。还有些孩子,为了取悦父母、老师,赢得他们的表扬而撒谎,这也是为了满足自己受人关注、表扬的心理需求。

遇到这种情况,家长要多表扬孩子的优点,满足孩子渴望被人关注的心理;此外,父母要以身作则,严格要求自己,不在孩子面前说谎;对孩子或他人的承诺要认真履行,犯错后及时承认错误,并认真改正。

(3)逃避型说谎的孩子

有一次,徐女士亲眼目睹女儿将牛奶洒在地上,但当她问起这件事情时,女儿却矢口否认,还说是隔壁邻居小孩儿干的。

因为做错事、害怕承担责任或者不愿做某件事而说谎,这在年龄稍大的孩子中普遍存在。对于逃避责任的孩子,父母应明确态度,告诉孩子自己喜欢诚实的人,鼓励他们说出真相;当孩子说出实情后,不要因为他做错事而责怪他,而要教他以后遇到此类问题时的正确处理方法,这样既能培养孩子的自理能力,以后不再犯类似的错,也能防止孩子因害怕批评而说谎。反之,如果父母不引导,而是一味批评,就会形成恶性循环,导致孩子面不改色地随意说谎。

5.禁用"恶语"伤害孩子

也许你从来没想到过,自己随便说出来的一句话,会对孩子的心灵产生多么重大的影响。你所使用的语句可能让孩子更加乐于合作,更加自信,但也可能令他们感到挫败和自卑。

因此,父母应该多说能解决问题并让孩子快乐的话语,永远拒绝那些伤害孩子的话从自己的口中说出。

提起对孩子的伤害事件,人们首先想到的是被人抢劫、勒索、欺负、性侵害以及被父母或教师体罚等。但对孩子而言,他们怕"软"伤害远胜过这些"硬"伤害,在他们的心中,排在第一位的是软性的"语言伤害"。"中国少年平安行动"组委会曾公布一项内容为"你认为最急迫需要解决的家庭伤害"的专项调查,结果显示,81.45%的被访孩子认为家庭"语言伤害"是最急需解决的问题。

经常遭受"语言伤害"的孩子,心灵会被扭曲,即使成年之后,也会出现较多的行为障碍和个性弱点,难以适应社会。为了保证孩子能够健康成长,父母要对不良语言的严重后果予以高度关注,不要以为区区几句过头话不会对孩子造成多大危害,气急之下就口不择言地说许多刺激孩子的话,对孩子造成了心理伤害却浑然不知。

要知道,这种心灵的伤害比肉体的伤害更严重。父母作为孩子的"第一任老师"和"最亲近的朋友",切不可成为这样的伤害者，让孩子感觉"最亲近我的人伤我最深"，因而疏远、躲避父母。

在一家商店里，小强非要买滑板，妈妈说："你已经有两个了，不能再买了。"

小强说："我就要。"

妈妈生气地说："你这个孩子，怎么这样贪得无厌！"

听到妈妈的呵斥，小强立刻躺在地上尖叫起来："我就要，现在就要！"周围的人都对他们投来诧异的目光，小强妈妈十分羞愧，一气之下就走出了商店。

在外面站了一会儿，小强妈妈觉得自己应该做些什么，就进去对小强说："我知道你很伤心，很生气，我为我刚才那句话向你道歉。另外，我有个好主意，你愿意试试吗？"

此时，小强已经停止了尖叫哭泣，不解地看着妈妈。

妈妈说："你想要滑板，可我不愿意给你买。我们可以到别的商店看看，有没有商店愿意把它作为礼物送给你。"

于是，小强高高兴兴地拉着妈妈的手来到另一家商店，问售货员是否愿意"送礼"。两人走了4家商店都碰了钉子，走到第五家时，小强说："我不买滑板了，我还是玩家里的那个吧。"

遇到上述案例中的情况，通常情况下，父母的反应都会说"你不应该尖叫"、"不许哭"。但作为一个人，出现这些情绪是正常的。父母应该尊重孩子的情感，允许他们表达，否则定会造成对孩子心灵和情感的伤害。

怎样才能避免对孩子造成情感伤害呢？下面的建议，父母不妨参考一下。

首先,要清醒地认识到"语言伤害"的严重程度,在思想上高度重视。

其次,要多鼓励孩子,采用积极性语言教育孩子,时时刻刻注意不对孩子说伤害他们的话,尤其是在"恨铁不成钢"或气急的种种情况下,更要保持理智,控制好情绪,努力做到和风细雨、循循善诱。

再次,讲究批评的艺术,要以揭醒、启发来代替指责、训斥。例如,用"我相信你可以做得更好"鼓励孩子有更努力的动机,用"没关系,慢慢来,尽力而为"帮助孩子调整焦虑、紧张的情绪,等等。

最后,要做好自我调整,以平常心看待自己的孩子,根据孩子的生理、心理特点因材施教,避免说出诸如"你怎么越大越……""你都这么大的人了,竟然还……""你怎么就不能像人家……那样呢""我刚才是怎么跟你说的"之类的话,这些话语都会刺伤孩子的自尊和心灵。

已经习惯为孩子负面贴标签的父母要如何改变自己的语言呢?如果你已经伤害了孩子,请你先用"拥抱治疗法"来消除孩子心中的阴影,同时为你们的亲子沟通建立通畅的沟通渠道。

(1)紧紧抱着孩子,认识到自己以前曾经在不知不觉中向孩子心中传输过负面的评价,为自己给孩子带来的无意识伤害真诚地道歉,并传达自己对孩子的爱和赞赏:"宝贝,对不起!妈妈不应该说你胆小,妈妈知道你是个很坚强、勇敢的孩子……"这时,一定要调整引导的方向,即是积极正面的,而不是负面的,应该说"宝贝,妈妈很喜欢你勇敢自信的样子,真可爱",而不是"你再这样,我就不喜欢你了"。

(2)请学会用反义词,即当你想对孩子的行为进行不好的评价时,先想想这个词语的反义词是什么,然后再说。例如:把"胆小"换成"大胆些""勇敢点",把"依赖"换成"独立",把"懦弱"换成"坚强",把"脾气大"换成"宝贝,慢点,放松"或"嘘,小声点说吧!妈妈愿意听",把"贪玩"换成"游戏的时间到了,宝贝,我们现在来讲故事啦",把"你很任性、倔强"换成"冷静些吧,亲爱的孩子,妈妈爱你,愿意跟你一起来看看是什么原因让我的孩子不开心呢?好了吗?愿意跟妈妈说说吗"。

(3)积极鼓励孩子。你可以这样跟孩子说:"再坚持一会儿,宝贝,你可以的。""宝贝,你再专心一些,会更好,你一定行。""你已经记得很好了,你一定可以记得更牢,一起加油哦!"除了这些积极的鼓励的语言,当孩子做到时,还可以给他一个击掌,再来一句"YES",你会发现孩子的自信心与日俱增,眼里身上都充满了胜利者和自信者的光芒。

总之,"良言一句三冬暖,恶语伤人六月寒",同样是语言,功效却截然不同。父母们若想科学地教育孩子、关爱孩子,就该多用"良言",禁用"恶语",以免对孩子造成"语言伤害",酿成无法挽回的过错。作为父母,为了孩子,从现在开始,改变自己的说话方式吧。

6.让孩子自己选择,更容易解决问题

你有没有想过为什么孩子有时会一口拒绝父母的意见或指示?答案很简单:巩固他独立自主的权益,是孩子的本能。

为了避免在这一点上和孩子发生冲突,父母给孩子"提供选择"是个好办法。

举个例子,孩子要买一套运动衣,家长可以和孩子讨论,你说:"儿子,运动衣马上就给你买,你是买70块钱的,还是买100块钱的?"他选择哪种,你就给他买哪种。

这种选择给了他一个民主的机会,一个掌握话语权的机会。不让他在处理问题时独来独往,给他一个小的范围,让他在这个范围里去实施自己的计划,这样,孩子便在听话与不听话之间用这种选择的方式教育了自己,进而不再跟家长对抗。

实际上,有很多智慧的方法可以避免让孩子和家长分庭抗礼,产生对峙。比如,在学习方面,孩子很可能会由于各种原因造成偏科,这时候,家长可以尝试新的办法来教育孩子。一方面,自己站在孩子的角度去理解、领悟对方的感受,给他转圜的余地,尊重孩子的选择,给予孩子重新考虑的机会。另一方面,让自己作为孩子的学习顾问,以建议的形式、探讨的语气给孩子一定的宏观引导和帮助,告诉孩子兴趣是学习最好的老师,兴趣应是多方面的,要培养自己广泛的兴趣爱好,同时也让孩子明白:学习不能光凭兴趣,尤其是小学阶段,是接受基础教育的阶段,不能

偏科。在生活方面，家长也可以改变以往的做法，让孩子自己选择，这样做更容易解决问题。

孩子慢慢长大了，任性的花样层出不穷。早上起来，王女士给儿子准备好黑色的袜子，但他就是哭着闹着不肯穿；换一双黄色袜子，他继续闹，仍然不肯穿，即使强制套到脚上，他也会使劲把它脱下来。闹完了，哭累了，脾气也发够了，让他自己挑，结果，他还是穿了原来那双黑色的袜子。儿子天天这样，王女士苦恼不已。不过幸运的是，一次无意间，王女士发现了孩子的秘密。当时，为了省事，王女士预先拿好两双袜子，并向儿子询问了一句："儿子，你想先穿黑色的袜子，还是黄色的？""黄色。"儿子很干脆地回答，没有做出往常不合作的举动。太阳从西边出来了——儿子的合作让王女士大感纳闷，原本准备预留5分钟僵持的，没想到几秒钟就解决了。既然这么顺利，王女士就顺势多问了一句："儿子，你准备先穿左脚，还是右脚？""右脚。"儿子的回答爽快得令王女士难以置信。那天没有费一点力气，就解决了一个大难题。

好的行为经常做，就可以固化为一种好的习惯；好的习惯养成了，就可以造就一种好的性格，但前提是要弄清楚这种好的行为是如何发生的。如今的孩子接触外界的机会很多，在许多事情上已经有了自己朦胧的看法与态度，包括"选择"在内的各种自我意识也渐渐萌发。其实，孩子对黑色与黄色的袜子并没有太强烈的好恶区别，只是希望能通过选择得到大人的尊重和认同，从而产生一种孩子特有的成功感和满足感。

李女士怀孕七个月左右的时候,在娘家住了大概两个月。那段时间,不到3周岁的小侄女茹茹一直跟她在一起。其间,她体会到小孩子的教育真是挺有学问的。每次李女士的父母带茹茹出去的时候,她都要求他们抱着或背着她走,不管用什么方法,她总能说服爷爷奶奶为她"服务"。

有一次李女士带她出去,要走挺远的路,但由于事先大人们都告诉过茹茹:不能让姑姑背你,姑姑肚子里有宝宝,怕累。所以,她一直都没要求李女士背她。可能是真的有点累,茹茹走着走着就停了下来,说:"姑姑,我好累啊!"李女士知道,这孩子肯定又在打什么鬼主意,便也装着好累的样子说:"这样啊,姑姑也好累啊,都走不动了,要不你背姑姑吧!"李女士看到茹茹的表情由惊讶变为失望,还有些难过,有点心疼,便接着说:"宝贝,我们先在这休息一下,然后一起加油走回去,爷爷一定会夸奖我们的!"茹茹低头开始犹豫,李女士趁机说:"你是要背姑姑回去,还是我们休息一下走回去,你自己选吧。"想了一会儿,茹茹终于说:"我背不动姑姑,走回去好了。"于是,两人小小地休息了一下,便一起手牵手走了回去。一到家,她立刻跟她爷爷炫耀道:"我是自己走回来的,姑姑都走不动,我走得动!"听了这话,大家都争相表扬她,让她美得不行。

不要小看孩子的能力,他们真的可以做得更好,只是作为大人的我们要懂得放开手,让他们有更多锻炼的机会。不要小看孩子的判断力,他们绝对能选择好的、对他们成长有利的事情,只是有的时候,他们不知道某件事情的坏处到底有多坏。只要加以正确地引导,每个孩子都能凭借自己的分析做得更好!

李明小朋友挑食现象严重,不喜欢吃的东西一口也不吃,王女士多次劝导没有丝毫效果。又到吃饭时间了,李明一看见满满的一碗饭,还有鱼圆、白菜、蛋汤,眉头就皱了起来。王女士问她:"是不是不要吃饭。"他摇头。"不要吃菜?"他又摇摇头。"不要喝汤?"他还是摇摇头。既然愿意吃,为什么摇头呢?到底是什么原因?王女士耐下性子,先喂他,可他不肯吃。突然,王女士脑中闪过一个念头,何不换一种方法试试,比如允许他少吃一点呢?于是,王女士对李明说:"这样吧,你能吃多少就吃多少!"听见这话,李明马上点点头,拿起筷子就吃了起来,一会儿就吃下了半碗饭菜,还一边吃一边瞄王女士一眼,王女士高兴地对他拍拍肩。

从这件事中,家长可以领悟到:孩子不吃饭,其实是有他的想法和原因的。满满一碗饭对孩子来说可能就是个心理负担,这时,只要家长能给他一个选择的台阶,使他减轻心理负担,他便能愉快轻松地进餐。可见,孩子有他的内心想法和需求,有些想法他不善于用言语表达,便由行为表现出来。但即使是外显的行为,也有多种不同的表现方式,而且在孩子的行为表现背后还有成人所不可理解的心结。如果家长无法破译这份密码,就难以与孩子进行沟通,这样会影响到孩子的成长和发展。所以,只有深入地了解孩子的内在需求,采取适当有效的对策,家长才能开启孩子的心志,培养其健康的人格。

孩子是独立的个体,而家长总是把孩子当作受教育的对象甚至是被动接受知识灌输的客体来对待,对孩子们只讲他们的责任,而很少提及他们的权利。功利主义观念又促使家长自觉或不自觉地为孩子去选择道路,设计未来,用自己的意志去控制孩子,忽视孩子本身的兴趣爱好;遇到与孩子的意志发生冲突时,缺乏应有的教育耐心,处理时求快、求省、求便,教育方法简单、粗暴,滥用权威,这样会严重挫伤孩子的主体积极性。

如果我们只是用言语来劝告孩子这样不好,那样也不好,也许孩子当时会照你的意愿去做,可时间久了,就没什么作用了。我们需要选择的机会,孩子更需要选择的机会,所以,请给孩子多一点选择的机会。

7.肯定式批评,先说"Yes"再说"No"

孩子在成长过程中难免会犯一些错误,批评孩子可以说是所有为人父母者的必修课。但如果不分时间、地点,采用不适宜的方式批评孩子,甚至把批评变成对孩子的情感虐待,就有可能激起孩子的逆反心理,使孩子和父母唱对台戏,与教育初衷背道而驰,最终造成孩子自卑、孤僻的性格。

因此,对于孩子的任何缺点和不足都不应归于长远,不能归罪于孩子本人,而应首先肯定孩子的本质是好的,他的缺点只是暂时的,是外界原因造成的,这样,他才有改变的可能性。记住,永远用语言来肯定孩子好的方面,引导他向好的方向发展,而不去固定他的缺点和弱点。

著名的教育家詹姆士说过一个教育孩子的诀窍:孩子们都需要肯定。

有这样两位小学生的母亲,当她们发现孩子的作业做得很不认真时,采取了两种截然不同的态度,效果也大相径庭。

一位妈妈发现孩子的作业写得特别潦草时,非常生气,盛怒之下撕了孩子的作业本,说道:"说了你几次了,你怎么就不长个记性,作业还写这么乱,你给我重写。"

孩子拿着撕碎的作业本,望着自己辛勤劳动的成果就这样被妈妈毁于一旦,很是生气,嘀咕道:"我就不给你好好写,爱撕你就撕,看你能撕多少。"生气归生气,但明天的作业还得交,无奈只得重新写过。孩子心里憋了一口气,写得还不如之前好。妈妈见了大怒道:"我的话你怎么就是不听呢!"妈妈刚想撕掉,可一看表已经10点多了,重写已经不可能,只好这样了事。

而另一位妈妈发现孩子作业写得很糟糕时,虽然也很生气,但她克制住了自己不满的激动情绪。她知道,孩子不是不能写好,而是态度不认真。于是,她对孩子说:"你今天的作业怎么写得这样潦草,这样写,老师会认不出来的,你最好重写。我知道你不愿意,可为什么我还要坚持让你重写呢?因为妈妈相信你能写好,写第二遍肯定会比第一遍写得快,而且会好得多。妈妈绝对相信你!"

孩子一听妈妈的话,再看看自己写的字,说道:"妈妈,我再重写一遍。这次我一定认真写。"写完后,他让妈妈看自己写的作业,妈妈认真看过后,高兴地说:"我儿子的作业写得真工整,一定会得到老师的表扬。"后来,这个孩子的作业一直都写得很好,妈妈每天都会表扬他,他学习的劲头更足了。

同样是要求孩子重新写作业,前一位妈妈采用了训斥、强制的办法,给孩子的是压力;而后一位妈妈给孩子的是信任、鼓励,是动力,其结果自然不同。

现实中,很多父母在孩子犯错误的时候都会去批评和指责孩子,而批评和指责的本质都是消极暗示。潜意识的特性是无所甄别、照单全收的,所以,"你怎么这么笨啊"这句话就会被潜意识理解为"我笨",并且形成自我定位;"你看看人家孩子,你再看看你",潜意识就会被理解为"我不如别人家孩子";"都和你说多少次了,你怎么就是记不住",潜意识里会被理解为"我记不住"。

生活中,有些父母恨不能把嘴挖下来放在孩子耳朵边告诉他什么该做,什么不该做。可是,这样的孩子长大后往往很难成功。这时,父母会很无奈地说:"我已经尽力了,这些年为了这个孩子,我不知道操了多少心,摊上这样的孩子,做家长的也只能认倒霉了。"但是,他们哪里知道,恰恰是他们的消极暗示造成了孩子的消极定位,使孩子丧失了追求成功的自信。

我们再来分析赏识教育所用到的话。"你已经做得非常好了,如果再加把劲,你会更优秀",潜意识里会理解为"我是优秀的";"你已经很努力了,我相信你一定可以在下次考试中取得更好的成绩",潜意识里会理解为"我很努力";"爸爸上次和你说的事你做得非常好,这次忘记了没关系,我相信你下次一定可以记住",潜意识里会理解为"我能记住"。这样,通过积极暗示,孩子就会有一个积极的自我定位。

由于不懂教育方法,大多数家长都会在教育的过程中否定子女,造成孩子消极的自我定位。其实,每个人都有机会成为牛顿或爱因斯坦,但大部分人之所以成为普通人,一个很重要的原因就是他们的父母运用了造就普通人的方法教育他们。

父母对子女的否定主要表现在以下几个方面:

(1)给孩子否定、消极的暗示。

(2)当孩子提出某些建议的时候,不予考虑。

(3)给孩子设限,想当然地认为孩子不可能达到什么样的程度。

(4)对孩子的兴趣爱好实施打击。

(5)当孩子表现出要做家务劳动或者回报父母的动作时,予以制止。

(6)对孩子的目标表示怀疑。

事实上,日常生活中,父母对子女的否定不单表现在这几个方面。父母一切消极的行为和语言都是消极暗示。

孩子的年龄越小,越容易受到暗示的影响,暗示的时间越长,就会越顽固。自我定位一旦形成,就很难改变,会一直指导我们的人生。

对孩子来说,犯错误其实是一个认识规矩与规则的过程。因此,当孩子犯错误时,大人首先应该弄清楚孩子是不是明白相关的社会规则与规矩,再判断应不应该批评孩子。父母应该针对孩子所犯的错误,用简明、扼要的话语指出他的错误所在,并告诉他只要改正,仍然是讨人喜欢的孩子,引导孩子朝正确、积极的方向发展。

批评孩子时,家长有几点需要注意。

(1)避免当众批评孩子

当众批评最容易伤害孩子的自尊,引起孩子的厌烦心理。有些父母认为,当着别人批评孩子,可以更好地激发孩子的自尊心,刺激孩子改正错误。但事实上,孩子的心灵是很脆弱的,这种刺激带给他们的更可能是伤害,而非激励。

(2)在肯定中批评

每个孩子都渴望得到赏识和肯定,父母批评孩子时,也应该设法寻找孩子错误中的闪光点,肯定孩子以前的努力和成绩。肯定中批评是最有效的批评,不仅可以督促孩子改正错误,还可以帮孩子建立自信。

(3)对事不对人

父母批评教育孩子时,应该尊重孩子的人格,做到对事不对人,不能因为一两次的小错误就否定孩子以前的努力,更不能搞大清算,把孩子以前所犯的错误一一列举出来,将孩子批评得体无完肤。只需明白地告诉他,这件事情做得不好,错在什么地方,以后要注意改正,这就足以让孩子认识到自己的错误,达到教育目的。

总之,我们要正确对待孩子的缺点和错误,先说"Yes"再说"No"。只是要给孩子"你能行"这样一个信息,当他有了"我能行"的自我定位时,就会对学习产生兴趣,并且逐渐改善自身行为并持续努力。

第二章

善于倾听,搞明白孩子的真实意图

1.听懂孩子的"话外音"

虽然做父母的已经为孩子付出了很多,可是,越来越多的父母还是发出了这样的抱怨:孩子怎么离我们越来越远了呢?我们都不知道他们每天在想什么!

孩子们为什么不想和父母说话?因为他们认为:"跟父母说再多也没用。"在孩子刚要开始说话的时候,很多父母都会用老祖宗留给我们的金科玉律"小孩子有耳没嘴"来搪塞孩子。长此以往,孩子的心灵就会被封闭。在这种情况下,父母怎么能够听懂孩子话里的弦外之音呢?

如果你不知道孩子的哪些话里有弦外之音,就先看看下面的孩子是怎么说的吧!

情景一:

看见邻居家的小朋友手中拿着一个冰激凌,儿子抬起头,天真地对爸爸说:"爸爸,天气好热啊。"

爸爸说:"怎么会热?"

情景二:

妈妈对女儿说:"不要再看漫画书了!"

女儿回答说:"妈妈不是说让人快乐的书就是好书吗?漫画书能让我快乐,不也是好书吗?"

母亲愕然,只好回答了一句:"……作业写完了再看吧。"

情景三:

君君说:"爸爸,老师今天表扬明明了。"

爸爸说:"是吗?那你可要好好向他学习啊。"

说完了这句,父亲发现儿子的眼神竟有些黯淡。

……

很多父母完全没有意识到,自己的孩子已经学会使用"话外音"。明明是想吃冰激凌,却不说想吃,而说天气热;本来是想看漫画书,却不说自己想看,而反问父母"妈妈不是说让人快乐的书就是好书吗";本来是想要得到父母的表扬,却不明说,而是告诉爸爸"老师今天表扬了明明"……面对闪现在孩子身上的这些微小细致的智慧,有时候,真是不得不叫我们这些做父母的"佩服"。

为了听懂孩子说的话,为人父母者首先要听懂孩子的"话外音"。

陈先生的女儿很有个性,特别有主见。

一个星期天,陈先生带着女儿到街心公园放风筝。在公园门口,陈先生对女儿说:"你去放风筝吧,玩得开心点,不过要注意自己的安全。我到那边去看看。"

顺着陈先生手指的方向,女儿笑了笑。她知道,爸爸想去看别人下象棋。

女儿诡秘地笑笑:"好的,爸爸,不过我该怎么做?是玩得开心点,还是要注意自己的安全?"

陈先生听出了女儿的"话外音":如果你允许我开心,那我就无法保证自己的安全;如果我必须关注自己的安全,那我就可能玩得不开心。于是,陈先生笑了笑,说:"小心点吧,安全第一,其次才是开心。"

家长千万不要小瞧自己的孩子,他们其实是很灵巧的。当你和这样的孩子进行沟通的时候,千万不要太过直白地理解他的话,否则,很容易误解孩子的意思。

最近一段时间,健健总是在"唱反调":明明是他喜欢喝的果汁,可是等妈妈将果汁倒进杯里的时候,他却不肯喝。

外婆很疼健健,健健也很爱外婆,可是,当妈妈带他到商场去为外婆选生日礼物的时候,他却很不高兴地说:"我不愿意让妈妈给外婆送礼物。"

爸爸出差回来,问健健:"这几天,想爸爸没有?"他明明很想,却回答说:"不想!"事实上,就在前一天晚上,健健还因为想爸爸哭了一场。

如果遇到上面的这些情况,家长就要仔细解析一下孩子的"话外音"了。

所谓学会听懂孩子的"话外音",就是当孩子讲述一件事情的时候,不只要就事件本身与孩子进行探讨,还要分析孩子的"话外音"。比如,当孩子对你说"不喝"的时候,其实,他是想喝的;当孩子说"不喜欢妈妈送礼物给外婆"的时候,其实是想自己买个礼物送给外婆;当孩子说"不想爸爸"的时候,其实是在说:"我很想你。"聪明的父母一定是可以觉察出这一点。

童童今年5岁,正在上幼儿园。星期五下午,童童的妈妈去参加儿子的家长会。会后,老师向童童的妈妈反映:在幼儿园,童童不怎么和其他小朋友说话,也很少看到他和别的小朋友在一起玩。有时候,老师要小朋友们一起出去散步,他都不愿意去。

童童的妈妈听了老师的话,想了想:每天去幼儿园的时候,童童总会哭;可是,下午奶奶去接又说孩子的情绪很好。妈妈有点担心儿子不愿意去幼儿园,便问儿子怎么回事。

儿子回答说:"妈妈,他们都不愿意跟我玩!"

妈妈听了之后,说:"他们不与你玩,你可以主动找他们玩呀。"

但孩子却说:"我就不找他们玩,谁让他们不找我玩的。"

……

遇到童童这样的孩子,做父母的应该怎么做呢?听不懂"话外音"的父母,大多会像童童妈妈那样,说出"他们不跟你玩,你可以主动找他们玩呀"之类的话,但这时候,孩子往往也会像童童那样进行反驳:"我就不跟他们玩,谁让他们不跟我玩的。"所以,父母这样说,不但不会消除孩子的烦恼,还会引起了孩子的不快。

如果能够体会到孩子"话外音"所表达的心情,让孩子感到自己被大人所理解,想必他会十分欣慰。这时,父母可以说:"哦,他们不跟你玩,你很生气?"

为了和孩子实现畅通的交流,当发现孩子的表达不再直白而是有些拐弯抹角的时候,一定要给予深深的理解,听懂孩子的"话外音"。

有些家长可能会觉得,孩子这么小,怎么就学会这样说话了呢?这都是从哪里学的呀?其实,孩子能够通过一些非正面的描述来表达自己的想法,并不一定就是孩子学坏了。从某种意义上说,有这样的举动,只能说明孩子的思考能力加强了,思维活跃程度提高了。

当孩子学会"话外音"这一表达方式的时候,父母完全用不着大惊小怪,应该以平常心对待,积极应对,争取搞明白孩子想要表达的真正意思,这样,才不会给孩子造成不适感和挫败感,实现和孩子的畅通交流。

2.接纳孩子的负面感受

与成年人一样,孩子也有自己的思想,他们也希望自己的感受能够被别人接受,其中也包括他们的负面感受。

每次看到孩子出现负面感受时,很多父母就会说:"别这样,你怎么这么不懂事。"其实,这样说等于是在否认孩子的不良感受。这样做,不但无法使孩子的负面感受消失,还会让孩子感到压抑,从而否认自己,对孩子造成一定的伤害。

孩子在生活中流露出来的负面感受,其实只是他们的一种表达方式,不要把它想象得多么严重。在面对孩子的负面感受时,家长要冷静。

那么,该如何接纳孩子的负面感受呢?

凯凯正在读小学三年级,是班上的劳动委员,由于工作过于认真,得罪了很多同学。新学期开学了,班里要选班长,凯凯信心十足地为竞选做着努力,但最后却落选了。

凯凯的情绪十分低落,回到家,他一边哭一边对妈妈说:"真是太不公平了!"

得知儿子落选的事之后,凯凯的妈妈心想:这个时候,孩子需要宣泄!于是,便任由孩子尽情地哭。

等到凯凯的哭声停止的时候,妈妈说:"儿子,妈妈理解你,你的努力妈妈都看到了。"

凯凯擦擦眼泪,说:"可是,你看到有什么用呢?你又没有投票权!"

妈妈摸摸儿子的头,说:"我也有过和你一样的感受!自己做得很辛苦、很努力,可最后却没有得到他人的认可,这确实是一件让人感到委屈的事情。"

"他们根本不了解我,他们只知道选那些马屁精!"凯凯愤愤地说。

妈妈问:"你为什么认为那些被选上的人都是马屁精呢?"

"就是!他们在私底下拉拢了很多同学,据说还有人用钱交易,他们的能力根本不如我!"儿子回答说。

"你觉得自己哪方面比他们强?"

"我在数学、英语方面都比他们强!"

"在这些方面,妈妈知道你确实很有能力,但是选班干部并不一定要选最强的呀。"

……

当孩子情绪不好的时候,父母的言谈举止一定要谨慎小心,要努力接受他们的感受。这时候,如果父母的脸色很难看,或者生气、教训、批评、训斥孩子,只会使气氛变得更僵硬、尴尬,不仅会让孩子哭得更凶,情绪变得更坏,父母也会更沮丧。最严重的是,孩子或许会因为这件事情形成一些不良的个性,比如阴沉、暴躁等。

星期天,妈妈带着女儿去海边玩耍。女儿高高兴兴地在沙滩上跑来跑去,一会儿弯下腰捧起一捧沙子,一会儿又去拾起几个美丽的贝壳。时间一晃而过,很快就到了回家的时间。可是,女儿似乎还没有玩够,不愿意离开。

妈妈警告她,说:"时间到了,十分钟之后,我们就得离开。"十分钟后,妈妈过来拉女儿回家,女儿说:"我不回去!我要玩。"

妈妈回答:"我知道你玩得很高兴,可时间到了。""不,我不走!"女儿挣脱掉妈妈的手,向后退了几步。

妈妈迎上来,一把抓住她的胳膊,说:"现在我们必须走了,天晚了!"女儿没办法,只好跟妈妈离开。

可回到家之后,女儿一个星期都没有和妈妈说话。

情感是需要发泄出来的,一味地压抑,只会让孩子感到更难受,更难控制自己的行为。当孩子的情绪不稳定的时候,家长最好冷处理一下,先让孩子将自己的感受表达出来。这样,孩子才会心平气和地与你沟通,这样的沟通才能顺畅地进行下去。

每个人都需要表露自己的感受,一旦有了喜、怒、哀、乐等情绪,就希望能够在第一时间表达出来,孩子们更是如此。可生活中,有些孩子却因害怕失去父母的爱,而克制自己,即使受了委屈,也会将自己的怒气和不满在父母面前隐藏起来。殊不知,这是有害的。

一天,罗杰从幼儿园回家后,心情很低落。他走到妈妈跟前,一脸委屈地说:"妈妈,今天我想玩什么,李铭偏偏不玩什么。"

"所以你今天很不开心,是吗?"妈妈问。

"对,我以后再也不跟他玩了。"听到妈妈的询问,罗杰觉得有人可以理解他,听他诉说,他的心情也就没那么糟了。

"可是，罗杰，你只是为了李铭不玩你想玩的游戏而生他的气吗？这未免有些小题大做吧。"妈妈说。

"可能是的。"罗杰忽然觉得李铭并没有那么可恨。

"你很珍惜和李铭的友情，是吗？"妈妈关切地说，希望罗杰可以自己解决这个问题。

"是的，他是我最好的朋友，但我还是有些讨厌他。"罗杰的心情很复杂。

"他是你最好的朋友，但你还是有些讨厌他？"妈妈的表情也开始变得复杂。

过了一会儿，罗杰开始分析原因："过去我们很好，他总会听从我的话，但现在不同了。"

"哦，你是说，李铭现在不再听从你了，他在学着自己思考，是吗？"妈妈开始了解事情的原因。

"不过，李铭比以前更可爱了。"罗杰说。

"所以说，你并不是特别讨厌李铭，你觉得他现在很好。"妈妈发现，罗杰对李铭的变化并不反感。

"是的，妈妈。他是我的朋友，但我希望他能听我的，一直以来不都是这样吗？如果有时我也可以听他的指挥，可能我们就不会吵架了，对吗，妈妈？李铭并没有错。"

在孩子们的心中，父母是自己最贴心、最信任的人，因此，他们往往会将自己的负面感受告诉父母。作为父母，这时应该放下手中的一切事来安静、专心地倾听孩子的诉说，接受孩子的负面感受。

3.你的感受不等于孩子的感受

为了孩子,父母愿意付出自己的一切。因此,从孩子呱呱坠地的那一刻开始,家长们便开始了有意无意的"包办",不管在哪种场合,都能看到父母忙碌的身影。

正是基于这个原因,很多家长将孩子的事情当成了自己的事情,将自己的想法当成了孩子的想法,同时理所当然地认为,自己的感受也是孩子的感受。

事实证明,这种认识是不正确的!孩子有孩子的感受,大人有大人的感受,二者不能混为一谈。如果将自己的感受等同于孩子的感受,势必会影响到亲子之间的沟通。

韩女士非常爱自己的孩子,她觉得孩子就是她的一切。每天一大早,韩女士都要提前半个小时起床,为儿子做好早点,直到儿子吃完了,她才去上班。为了让孩子取得好成绩,她每个周末都要去一趟书店,看看近期有没有出版什么新的学习资料,只要有,她就会统统买下来……韩女士从来都没有觉得自己辛苦,因为她觉得自己所做的一切都是为了孩子好。

可是,对于王女士的付出,儿子并不领情。儿子对自己的同学说:"我妈妈根本就不知道我想要什么,根本就不会征求我的意见,不会考虑我的感受!每天只知道让我学习学习再学习……从来都没有主动带我出去玩过,我不相信她,也不喜欢她!"

……

这实在是一种爱的悲哀！其实,普天之下,有哪个母亲不爱自己的孩子？父母和孩子之间本应该深爱着对方,可有时却恨之有加。究其原因,就是做父母的在给孩子付出爱的同时,没能多考虑一下孩子的感受,没有主动征求一下他们的意见,看看他们是否乐意这么做。

玻璃柜台下摆满了各种各样的冰淇淋。韩红问女儿:"你想要哪种冰淇淋？告诉妈妈。"

"我想要草莓的。"女儿回答说。

韩红说:"这里有个巧克力的。"

"不,我要草莓的！"女儿否定了妈妈的推荐。

韩红说出了自己的理由:"我觉得巧克力的更好一点。"

"不,我就要草莓的！"

"你不是喜欢吃巧克力吗？"

"我现在就想吃草莓的！"

"你怎么这么倔,真够怪的。"韩红说。

在对话过程中,韩红一直在否认女儿的感受、判断,试图将自己的判断强加在女儿头上。这样做,其实是在告诉女儿:你内心的想法、你的选择、你的判断,都是错的。表面上看起来,韩红是在为女儿着想,是想给女儿找个她喜欢吃的。实际上,她对女儿的真实想法视而不见。有谁能比自己更清楚自己的感受呢？所以,父母们,千万不要以爱的名义摧毁了孩子的感受！

只有孩子从内心接受了父母的关爱，他们才会心甘情愿地为父母的要求付出努力，这样，才能有所收获。爱是需要讲究艺术的，为了让孩子的身心健康成长，就要多考虑一下他们的年龄特点、心理需求，多征求一下他们的意见，让他们体会到理解的温暖。

4.让孩子感觉到"你在听"

生活中，很多父母都会犯下同样的错误：当知道孩子遇到问题的时候，有些父母不是说："怎么回事？"就是说："你怎么搞的？"接着就会给孩子提出一大堆建议。

其实，作为成年人，有时候也会遇到一些事情。在情绪比较激动、生气的时候，如果有人给你提建议，你是很难听进去的，即使这个建议很好。这个道理对孩子也同样适用。只有当孩子安静下来、情绪平静的时候，那些好的建议才能被听进去。

在孩子叙述事情的时候，如果家长能够给予及时的"嗯""啊"等简单的回应，会让孩子在不知不觉中找到问题的根源，进而想出解决问题的办法。

孩子们心情不好的时候，思考问题的思路一般都不是很清晰，如果再对他进行狂轰滥炸，他就更没有耐心去思考了。这时候，就需要学会用"嗯""啊"等简短的语言来回应孩子的感受。

家长甲：

放学回到家里之后，赵明满脸的不高兴，对妈妈说："有人偷了我的作业本。"

妈妈听了儿子的述说，问："你确认不是自己弄丢的，是别人偷的吗？"

赵明回答说："是啊，我去洗手间的时候，作业本还在桌子上，等我回来以后就不见了。"

妈妈说："你怎么一点记性都没有？我早就跟你说过，要将自己的东西收好，怎么又把东西给弄丢了！"

家长乙：

放学回到家里之后，田晓曦满脸的不高兴，对妈妈说："妈妈，今天我的笔记本被别人偷走了。"

妈妈听了，淡淡地说："嗯？"

田晓曦接着说："课间，我去了一趟洗手间。当我回来的时候，放在课桌上笔记本就没有了。"

"哦，是这样啊。"

"我已经吸取教训了，下次离开座位的时候，我一定把东西收好，这样我就不会再丢了。"

比较上面两位家长的反应，可以肯定的是，第二位家长能得到想要的结果。不可否认，第二位家长是明智的！如果像第一位家长那样，只是一味地长篇大论，不仅会让自己生气，让孩子沮丧，而且也得不到好的效果。

倾听是有诀窍的。

首先，当孩子有了情绪，向父母倾诉的时候，千万不要光听不说，而应该安静下来，认真地倾听，同时还要给予孩子简短的回应。

遥遥是个"小不点"，长着一张胖乎乎的小脸，大家都很喜欢她。每次放学回到家里之后，她不是亲亲爸爸，就是抱抱妈妈。

今天，爸爸一回来，妈妈就向他说起了关于女儿的事情："今天，我一回到家，遥遥就跟我说家里有'绿色心情'，反复说了好几次。"

听了妈妈的讲述，爸爸一笑了之。正说着，遥遥跑到爸爸面前，搂着爸爸的腿说："我家有'绿色心情'！"说完，就跑开了。

爸爸和妈妈彼此看了看，大笑起来，继续说着话。过了一会儿，遥遥又跑来了，说了同样的一句话，这引起了爸爸的注意：女儿今天这是怎么了？

爸爸把遥遥叫了过来："谁给你买'绿色心情'了？"

女儿嘻嘻一笑，说道："爷爷！"

"你喜欢'绿色心情'吗？"爸爸问。

"电视里有广告。"遥遥答非所问地回了一句。

"那你明天把'绿色心情'带给老师，让他们和你一起分享，好吗？"

"好！"听了爸爸的话，遥遥愉快地跑开了。这次以后，她再也没有跑来报告。

生活中，如果孩子向父母求助，父母一般都会给予及时的声音回应，可是，对孩子某些声音的回应却比较少。比如：分享快乐的声音、交流爱的声音、亲近你的声音……

　　回应孩子的声音,可以尊重保护孩子的热情,在听孩子述说的过程中,父母不仅要做个好听众,还要及时做出回应。

　　其次,要让孩子感觉到你在听。

　　甜甜今年8岁了,上小学二年级,是家里的掌上明珠。她聪明伶俐、活泼可爱,老师们也都很喜欢她。星期天,小姨带小表弟壮壮来家里玩。

　　看到甜甜正在看动画片,壮壮便跟着一起看了起来。可是,刚看了一会儿,甜甜便拿起遥控器换到了自己喜欢的节目上。壮壮很喜欢看动画片,看到甜甜换了频道,便觉得十分委屈。

　　开饭了,大家坐在一起高高兴兴地吃饭。忽然,甜甜叫了起来:"踢我干什么?我的裤子被你弄脏了。"甜甜的语气中充满了不耐烦和责怪,并向壮壮踢了一脚。原来,壮壮不小心在桌下踢了甜甜一下。

　　小姨带着壮壮走了之后,甜甜的妈妈叫来女儿问道:"今天,你犯了几个错误?"

　　甜甜痛快地回答说:"两个!不就是没有让壮壮看动画片,吃饭的时候踢了壮壮吗!"

　　"喔!"妈妈生气了。

　　"凭什么只能看他喜欢的频道,我就不想让他看!他踢了我,我为什么不能还击?我都跟你说过了,不要让我和壮壮吃饭的时候挨在一起,你非要那么做!"甜甜大叫着。

　　听了甜甜的话,妈妈想了想:"是啊!"女儿是和自己提过,她想看《小兵张嘎》,自己不想和壮壮挨着坐……都怪自己没有听孩子的话。

文中的情景在很多人家中都上演过。每一位父母都希望孩子能够和自己进行良好的沟通,这需要做父母的及时回应孩子的感受,让孩子知道你在听。为了表示父母对孩子的注意,当孩子开口对父母讲话时,父母不仅要停下手中正在做的事情,转向他,仔细地听,还要通过"嗯……""是……""这么回事……"等简短的词语来回应他。

最后,要将自己听到的、看到的告诉孩子。

睡觉之前,杜晓红和老公来到女儿的房间,发现女儿的褥子有点靠外,便决定帮她向里拉一拉,女儿积极配合。

女儿迅速地上了床——双层床的上铺。杜晓红发出了口令:"一、二、三,拉!"当大家随着口令一起拉的时候,女儿"哇"的一声哭了出来。原来,由于用力过猛,女儿的头撞到了天花板。

老公伸出手把女儿从上铺抱了下来,他一只手扶着女儿,另一只手捂着女儿的头顶,轻轻地安抚着:"是不是特别疼,没事的,一会儿就好了……"

杜晓红赶紧拿了毛巾帮女儿擦泪。女儿的哭声慢慢变小,疼痛也慢慢减少,她开始与爸爸妈妈交流:"爸爸,你说这样一撞,会不会影响到我的智力?"

"不会的,放心吧。"爸爸回答说。

"哦。"女儿放心了。最后,女儿的情绪恢复了平静。

这里,杜晓红的老公虽然没有说太多话,但他安慰女儿的语言却让孩子心里感到特别安全,同时也使孩子的情绪渐渐平静了下来。

在和子女的沟通中,仅仅倾听和理解是不够的,父母还必须用语言和他们进行沟通,对他们所想、所感的事情做出一定的反应,将自己听到的、看到的告诉孩子。

5.与孩子一起幻想未能实现的愿望

很多时候,越是没有什么,孩子就越是嚷着要什么。面对这样的孩子,很多父母都不知道该怎么办。因此,有些孩子总会因为没有实现自己的愿望而哇哇大哭。其实,当孩子的愿望实现不了或无法实现的时候,完全可以通过幻想的方式来解决这个问题。

晚上睡觉的时候,儿子嚷着要吃香蕉。妈妈说:"已经没有了,明天妈妈给你买。"儿子不答应,就要现在吃。

这么晚了,到哪里去给儿子买香蕉呢?忽然间,妈妈想到电视节目中教的一招:用幻想的方式满足孩子在现实中不能实现的愿望。

想到这里,妈妈便立刻跟儿子说:"你很想吃香蕉吗?"

儿子点点头,说:"是的。"

"现在太晚了,明天妈妈就给你买大大的香蕉。"妈妈一边说,一边伸出两只手比画着。

儿子听了,便把双手向后一圈,说:"我要这么大的香蕉,好吗?大香蕉又香又甜!"

"哦,那么大啊!好,明天妈妈就给你买那么大的香蕉!"妈妈附和着。

听了妈妈的话,儿子没再闹,乖乖地睡觉了。

与孩子一起幻想未能实现的愿望,可以让孩子明白:父母是了解他的愿望的。当孩子知道父母可以体会到他的感受时,就能获得片刻的安慰,平静下来。

幻想是想象的基础,善于幻想的孩子长大以后便会拥有较丰富的想象力。在幻想的世界里,孩子们可以通过扮演各种各样的角色,来体验各种喜怒哀乐。在幻想的世界里,孩子可以创造一个属于自己的天地。

在孩子的幻想世界里,参与其中的大多数是家人、朋友,当然更少不了孩子本人。在这一幕幕的"激情演出"中,亲情和友情会在下意识中获得进一步的体验和丰富。

不要认为孩子的幻想世界是荒诞不经的,其实,这是帮助孩子实现自己愿望的一种良好途径。为了实现孩子的愿望,可以多加留意幻想的方式。

那么,可以采用哪些幻想方式来实现孩子的愿望呢?

(1)巧用画画

在孩子想象力的培养中,绘画能起到非常重要的作用。绘画不仅可以让孩子进一步协调好自己的眼力、手力,还能让他们的双手、双眼得到巧妙的配合。

从小学习画画,不仅有助于培养孩子的观察力,还有利于培养孩子的想象力。因为不管画什么,总要先想象,然后才能画出来。即使有时画出来的东西凌乱不堪,但也有助于他们想象能力的培养。

那么,该如何使用这种方法呢?

星期六,大雨整整下了一天。闲来无事,皑皑和妈妈一起看了《狮子王》。皑皑很喜欢这部动画片,看完之后,便让妈妈带他去动物园看狮子。

妈妈知道,自己这个地方虽然也有动物园,可里面根本就没有狮子。可是妈妈又不想破坏儿子的兴致,于是就说:"现在外面在下雨,怎么去呢?"

儿子不高兴,非要去。突然,妈妈想出了一个主意:"既然你这么喜欢狮子,那就先把它画下来吧。"

"画狮子?"儿子先是疑惑地看了妈妈一眼,然后兴奋地说道,"对啊,我可以画一头狮子。"儿子显然很同意这个主意。

"你可以模仿动画片中的狮子画。"妈妈建议说。

"可是,动画片已经演完了!"

"你可以发挥自己的想象力,一边想一边画!"

儿子很快便从书房中拿出了自己的纸和笔,全神贯注地画起来。虽然和电视中的狮子有很大的差距,可孩子的愿望得到了满足。

这位妈妈很聪明,她巧妙地利用了图画的效果,让儿子将自己头脑中的狮子形象画在了纸上。事实证明:以图画的方式激发孩子的想象,可以让孩子获得片刻的满足。

(2)多玩游戏

游戏是孩子不可缺少的生活内容,在游戏中,孩子可以模仿成人的各种活动,比如扮医生给病人打针治病,过家家以树叶当菜,学妈妈做饭、炒菜等。

成成是一个7岁的孩子,他的心中有一个愿望,就是希望自己长大后能够像爸爸一样当一名人民教师。

成成很喜欢教师这个角色,一到星期天,他就会叫上小区里的小弟弟、小妹妹,在空地上玩老师教学生的游戏。当然,每次都是成成当老师,其他的小朋友做他的学生。

每到这时候,成成都会将家里的小黑板和粉笔拿出来,还会借用爸爸的教鞭。

成成教课的时候很认真,如果哪个小朋友做小动作,他一定会毫不留情地进行批评;他也很有耐心,如果哪个知识点小朋友没有学会,他就会反复地讲解。

每次上完课之后,成成都会和爸爸交流,看看自己在哪些地方做得不好。如果爸爸给他提出了意见,他就会积极接受,努力改正。

经常让孩子做一些游戏,不仅有助于孩子经验的积累,同时还有利于他们理想的实现。父母不仅要支持孩子多做一些自己喜欢做的游戏,还可以亲自设计一些游戏,和孩子一起来玩,加强亲子之间的沟通交流,了解孩子的愿望,并帮助他实现自己的愿望。

(3)巧用美工

美工、泥塑等游戏,可以让孩子自由地想象、创造。孩子们利用自己丰富的想象力,对自己的作品进行夸大和美化,可以让他们感受到自我愿望的实现。

7岁的洋洋是个不爱说话的小男孩。一天,爸爸带着他到街心公园玩,回到家里后,洋洋有点不高兴。

爸爸知道儿子有心事,忙问:"洋洋怎么了?"

洋洋回答说:"在街心公园的时候,有人在玩电动汽车,我也想买一辆。"

爸爸想了想,他知道这种电动汽车比较贵,没有几百块钱肯定买不来,但他又不想打击儿子,就想了一个办法。

第二天,爸爸将儿子带到一块空地上,说:"这里有很多闲置没用的土,这样,今天我们就用这些泥土捏一辆大汽车!"

洋洋被爸爸的话调动起了积极性,卖力地干了起来。

基本形状堆好后,洋洋还对汽车进行了修整。从那以后,他再也没有向爸爸要过汽车。

(4)巧用玩具

巧妙地利用孩子的玩具,也可以帮助孩子实现愿望。

星期六的晚上,儿子和妈妈一起看电视。当电视画面中出现了一片别墅区的时候,儿子不禁随口说道:"妈妈,如果我们能够住上那样的别墅该多好啊!"

妈妈和爸爸相视一笑:"是啊!"

第二天,妈妈搞大扫除,等到把家里收拾利落之后,已经到了午饭时间。这时候,妈妈才想起来,儿子一直都没有出来。

妈妈打开儿子的房间,只见儿子正趴在地板上,摆弄一辆小汽车。地上散乱地扔了一堆玩具。

"儿子,你在做什么?"妈妈凑过去,好奇地问。

"妈妈,我给咱们家盖了一幢别墅!你快看!我们家的别墅比昨天电视上看到的好多了,不仅有车库,还有自己的飞机场,更妙的是,我们还有自己的私家火车!"儿子兴奋地对妈妈说。

妈妈顺着儿子的手指看去,发现大大小小的玩具被儿子摆成了一个图形,虽然乍一看有很多不明白的地方,不过,经儿子这么一说,妈妈还真看到了飞机场和私家火车——其实就是儿子的小飞机和小火车。

当孩子希望自己能够上太空的时候,可以给孩子一个火箭玩具,让孩子想象出自己坐飞船、上月球的景象;当孩子想当老师的时候,可以让洋娃娃当学生,让孩子体验当老师的乐趣;如果孩子想为妈妈建房子,可以让孩子用积木来搭一幢小房子……

通过各种方法来让孩子展开联想,不仅可以提高孩子的想象力,还可以帮助孩子实现各种各样的小愿望,一举两得,何乐而不为呢?

6.善问、巧问、启发式提问

作为家长,要学会"问",因为"问"也可以引导孩子成功。

不同的问话方式体现了不同的教育理念和方法,我们可以从下面两个妈妈的问话中看出其中的差异。

问话一:

上幼儿园的孩子放学了,妈妈来接孩子。回家的路上,孩子和妈妈有这样一段对话:

妈妈:今天在幼儿园吃什么了?

孩子:鸡蛋汤、香蕉、米饭……

妈妈:你今天学什么了?

孩子:老师教我们简笔画了,我画了一只小青蛙,老师还表扬我了呢!

妈妈:今天有人欺负你吗?

孩子:没有!

妈妈:今天老师布置了什么作业?

孩子……

问话二:

孩子幼儿园放学,妈妈来接孩子。回家的路上,孩子和妈妈有这样一段对话:

妈妈:你今天过得怎么样,开心吗?

孩子:今天我们做了垒城堡的小游戏,很有意思,我们都开心极了。

妈妈:今天发生了什么有趣的事吗?

孩子:做游戏的时候,皮特不小心摔了一跤,我们都笑了。

妈妈:你今天给小朋友们展示了什么作品?

孩子:我今天画了一幅世界和平的图画。我带回来了,你回家可以看看。

……

通过比较,我们不难发现,第一个妈妈比较关注孩子的生活情况和学习情况,而第二个妈妈则把注意力更多地放在了孩子的情绪情感、兴趣和能力的培养上。

第一个妈妈的关心本来是无可厚非的,但这样的提问方式会让孩子过多地关注自己的生活和学习过程,而忽略自己情绪情感的变化。第二个妈妈的问话方式更容易让孩子产生聊天的欲望,一旦有了表达的意愿,孩子就会对自己的所作所为有所感触,进而对明天的生活产生向往。

第二个妈妈的提问方式,内容具体而明确,孩子知道应该如何回答。在这个过程中,孩子说得多,这对父母进一步了解孩子的学习情况、活动情况很有帮助。

生活中,父母几乎每天都会给孩子提出这样、那样的问题,比如早上送孩子上学时、下午接孩子放学时、在家吃完饭后等。父母要利用好这段与子女共处的时间,多创造良好的机会对孩子进行"提问"。

那么,该怎样向孩子提问呢?

(1)问到点子上

当今社会,人们都在为了生存而追求自身的利益,但我们不能只顾在大海中乘风破浪而抛弃了对孩子的关注,身为父母,要多在闲暇时间问问孩子。因为,对孩子进行提问,会对孩子的一生产生重大的影响。如果想问孩子一些问题,就要将这些问题问到点子上。

儿子已经是一名高一的学生了,为了开阔儿子的视野,每天晚上,钱女士都要和儿子上半小时的网,有时候,两个人还会对上面的时事要闻发表一些意见。

一天,钱女士在网上看到这样的一篇报道:"……老人是在4天前来的深圳。老人在路上吃力地蹬着三轮车,一不小心碰到了一名中学生。中学生见老人碰到了自己,立刻就躺到了地上。老人见自己的车子撞了人,马上停了下来。他不停地点头道歉,可是中学生却不屑地说:'道歉有什么用?先去医院……'"

钱女士看了之后,不禁脱口而出:"怎么会有这样的孩子?儿子,如果在这件事情中,当事人是你,你会怎么做?"

儿子显然也很生气:"只是不小心碰到了,本来是一件小事情,可这个学生却不依不饶,还召集来一帮人一起对老人进行恐吓。真不知道当时这群学生是怎么想的,他们怎么就不能设身处地为背井离乡的老人想想呢?"

为了引发孩子对道德的思考,故事中的钱女士给孩子提出了问题。这里,她并没有面面俱到地提出很多问题,而是直接将问题提到了点子上。对于这个问题,孩子给出了令人满意的答案。所以说,提出类似于这样的问题时,父母一定要问到点子上。要做到这一点,就要根据孩子已经掌握的重点和难点,以此来作为发问点,引导孩子。

(2)多用启发性提问

引导孩子多提问题,能够开启孩子的智慧之门。同样,让孩子积极地回答问题,也是帮助孩子强化思维的好办法,其中,启发性提问作用尤为显著。无论是在学习还是在玩耍的时候,如果在你的诱导下自己得出了答案,孩子一定会非常高兴,在兴奋的同时,他也会变得更加自信,有成就感。

王女士平常特别注意对4岁的儿子小北进行启发性提问。

一天,邻居家的小男孩兵兵来找小北玩。王女士走到两个小家伙面前说:"小北,你想和兵兵玩什么玩具就自己去取吧。"

小北说:"妈妈,我想玩拼插玩具,但兵兵也想玩。"

王女士笑着说:"那你是想换一种玩具玩,还是想跟兵兵一起玩拼插玩具呢?"

"和兵兵一起玩。"

担心儿子与小伙伴谈不妥,王女士就没有走开,在旁边观察起来。只见儿子与小伙伴小声地说了几句话,然后两个人就开始玩了起来。为了鼓励和进一步了解两个小家伙的合作情况,王女士轻轻地走到他们身边。

小北一看妈妈过来,不等妈妈开口,便兴奋地说:"妈妈,快看我和兵兵插的飞机和大炮,好看吗?"

"真是太棒了!跟兵兵一起玩玩具高兴吗?"

"高兴!"

"是你一个人玩拼插玩具好呢,还是跟兵兵两个人玩好呢?"

"跟兵兵一起玩好。"

"为什么呀?"

"因为我们两个人一起玩能够做出更多好玩的东西。"

就这样,王女士在一次又一次的启发性提问中让儿子自己总结出来了合作的好处。

对孩子常用的启发性语言主要有:"你看到的是什么样子呢?""你发现了什么不对的地方吗?""宝贝真厉害,看看还有没有其他的解决方法?""下雨会对我们的出行造成不便,但是它就没有好处吗?"……

通过这些启发性的提问来引导孩子积极地思考,从而让孩子自己得出结论。这不仅可以满足孩子对事物的好奇心和探索欲,同时还能使孩子提高思维能力和想象能力。

(3)适量采用趣味式提问

孩子的智力是在"好奇——满足——好奇"的过程中得到发展的,对于求知欲旺盛的孩子来说,最大的快乐莫过于揭开奥秘后所体验到的愉快和满足。为了激发孩子的好奇心,家长可以在适当的时候,采用趣味式提问的方式。

一天,婷婷一个人在客厅里玩耍,妈妈在厨房做饭。百无聊赖的她对一个精致的芭比娃娃产生了兴趣,想拆开看看芭比娃娃的肚子里装了什么东西。可拆开以后,就恢复不了原样了。

当妈妈看到被"肢解"的芭比娃娃时十分生气,可她压住了心中的怒火,说:"怎么将芭比娃娃拆开了?"

婷婷举起手中的芭比娃娃给妈妈看:"我以为她的肚子里有宝贝!"

听了女儿的话,妈妈说:"你将娃娃的肚皮弄了个洞,娃娃不会疼吗?"

婷婷说:"会!"

"既然你知道,那为什么还要拆开娃娃的肚子呢?"

婷婷说:"要不,你和我一起将这个娃娃重新组装好吧!"

如果父母不了解孩子的好奇心,而把这些现象看成是捣乱、淘气,对孩子提出的问题采取冷淡、漠不关心和搪塞的态度,不但不利于孩子智慧萌芽的生长,还会挫伤他们求知的积极性。所以,为了激发孩子的求知欲,父母一定要注意提问题的趣味性。

7.注意:提问不是责备的前奏

沟通离不开语言的交流,与孩子进行语言交流时要更侧重于问答上。要想让孩子积极回答你的问题,你就得讲究提问的方式;而要想与孩子进行更深的沟通,你就得想办法让孩子主动向你提问。如此,亲子间的沟通便会在融洽的问答中达到最佳效果。

为人父母者每天都会把几十个问题抛给孩子:今天,你想吃什么?我们周末去哪里?你喜欢爸爸还是喜欢妈妈……我们之所以会不停地提问,主要是想知道孩子的想法,让孩子获取"我们充分尊重你的意见"的信号。但很多父母却认为,自己的孩子不听话,即使跟孩子说话,他也不会好好地回答,只有采取责骂的方式,孩子才会听话。

但在生活中,我们常常会遇到这种情况:大人责骂孩子的时候,孩子根本就不理会,他既不会和父母顶嘴,也不会表示出反抗,就是不听话,你骂你的,他做他的。这是一种消极的反抗,时间长了,孩子只会越来越不听话。

如何向孩子提问是一门学问。孩子有话可说,讲述的欲望就会增加。孩子讲述得越多,越有助于父母了解孩子的学习情况、生活情况。有益的问话,不但能激发起孩子的语言表达能力,同时,孩子在表达的过程中如果能附带上自己的见解,还能让他的思维更加活跃。

很多时候,孩子并不喜欢每天被大人问个不休。之所以如此,是因为在我们的日常问话中,提问常常被当成责问的工具来使用。那么,如何才能杜绝这种局面的发生呢?

(1)把握提问的时机

由于年龄还小,孩子往往不能很好地控制自己的情绪,他们的情绪很容易受到外界的影响。当发现孩子情绪低落的时候,最好不要向孩子提问题。因为,只有时机合适,孩子才能听进去。

下午放学一回到家,琪琪便将书包重重地甩到了客厅的沙发上,一头钻进了书房。妈妈正在厨房里做饭,发现家里的酱油没有了,便喊琪琪去买酱油。

琪琪不高兴地去了,可回来的时候,却买回来一瓶醋。

"怎么搞的?都上初中了,怎么连酱油和醋都分不清楚?"妈妈一眼便看到了琪琪手中的东西,有点生气,因为她急着做饭。

看琪琪板着脸,妈妈问道:"是在学校受什么委屈了?就算是,也不能回来撒气啊!"

"我就撒了,怎么样?"琪琪生气地回应道。

"这是你跟妈妈说话的态度吗?"妈妈又摆起了家长的架势。

琪琪不甘示弱,和妈妈一句接一句地顶了起来……

这个故事中,妈妈和女儿之所以会产生矛盾,最主要的原因是妈妈没有掌握好提问的时机。

如果孩子在学校受了委屈,最好不要向孩子提问题,更不要细问孩子在学校究竟发生了什么事情;如果孩子挨了老师的批评,也不要针对这件事情和孩子展开讨论,因为,这个时候正是孩子的敏感期,稍有不慎,就会爆发"战争"。

(2)不要正话反说

晚饭做好了,隆隆才风尘仆仆地赶回来。看见儿子衣冠不整的样子,妈妈问:"惹祸了!是不是又打架了?"

隆隆愤愤地说:"我没打!是别人先推的我!"

早上吃早饭的时候,爸爸看了看杨洋,说:"怎么又没刷牙?"

杨洋不开心地丢开碗筷,背起书包就走了。

如果希望孩子能够明白你的态度,可以直接说:"你不可以打架!"或者说:"我们现在去刷牙。"把正话反着说,带有嘲讽的意味,会让孩子反感。因此,父母一定要注意不可将提问变成正话反说。

(3)不要提难以做出判断的问题

究竟什么样的问题是适合孩子回答的问题?这个问题没有标准答案。但值得肯定的一点是,提出的问题至少应该符合孩子的年龄阶段和认知水平。因为,让孩子难以回答的问题会让孩子徒生不安,感到困惑。

为了丰富儿子的生活,妈妈打算给儿子报个音乐辅导班。

妈妈决定按照儿子的意愿,让儿子自己做出选择,便问:"儿子,你喜欢什么乐器?你觉得哪种好听,我们就报哪个班。"

儿子想来想去,就是没办法做出决定。

见儿子这么优柔寡断,妈妈生气地说道:"真没出息,我和你爸省吃俭用供你读书,你却不会做选择?"

儿子也生气了,扭头便走,甩给妈妈一句:"我什么也不学了!"

故事中的儿子可能知道具体的乐器是什么样子,但他却不知道哪种乐器适合自己。所以,如果你真的想征求孩子的意见,就不要向孩子提这些对他们来说难以做出判断的问题。如果孩子每天都处在这样问题的连番"轰炸"下,他们的自信心会受到严重的打击。

第三章

唠唠叨叨，不如把话说到点子上

1.你属于哪一类的"唠叨型家长"？

身为家长，每天都可能有很多烦心事儿，最烦心的莫过于孩子的叛逆、不听话。殊不知，家长们也有让孩子感到特别"头痛"的地方和烦心的事，那就是他们的唠叨。很多父母总在孩子身边唠叨个不停，这个怎么样，那个又如何……时间长了，很多孩子开始不耐烦，进而厌烦家长，甚至顶撞父母。

烦心的父母们哪里会知道，孩子的不听话、逆反，正是自己没完没了的唠叨逼出来的。

听听吧，这些声音很多父母肯定再熟悉不过："妈妈，我求您别说了！您说了好多遍啦！""知道了知道了！您有完没完啊，我耳朵听得起茧啦！真是烦死了！"

有资料显示，九成以上的孩子认为家长"太唠叨"，以下是一些孩子倾吐的"苦水"：

"我妈妈什么都好，就是太爱唠叨。她的唠叨说不准什么时候就会发作，而且一唠叨准没完，有时能够持续半个多小时，说来说去总是那么几句。我一直都生活在老妈的喋喋不休之中，真是怕了她这位'唠叨女侠'了，我一直认为，凭她那张嘴去参加武林大会一定是天下第一。"

"妈妈对我的学习很重视，没事就叫我好好学习，总说什么学海无涯苦作舟，要头悬梁锥刺骨，要有时间的紧迫感不能放松自己，去学校要认真读书不要贪玩，学习一定要尽最大最大的努力，最近成绩退步了，学习不好就上不了重点高中，看看人家某某学习多好，你一定要考上一个大学为我们争口气……我妈天天这样唠叨，也不管我爱不爱听，我本来还有些决心和抱负，心情也不错，结果被她这么一唠叨，连学习的兴趣都没了。"

"每天放学一回到家里，妈妈就开始唠叨：快去做作业吧！今天有多少功课要做？语文作业是什么？数学作业是什么？当我拿出作业本时，妈妈又会千叮咛万嘱咐：把字写工整了，把头抬高点，腰挺直了，把窗帘拉开，小心眼睛。作业写到中间时，妈妈还忘不了时时干扰：现在做完几样了？抄错题了没有？题目做对了没有？抓紧时间，不要磨蹭！妈妈，您整天这样在旁边吵吵闹闹，我怎么能安静下来做功课呢？"

"妈妈的唠叨是我生活中的一项重要内容，大到做事做人，小到生活起居，她总是对我唠叨个没完。早上一起床就开始唠叨:快点,快点起床!动作要快,不然要迟到了!在餐桌上,她的唠叨也从来不停:要细嚼慢咽不能狼吞虎咽,维生素对智力发育有益,一定要多吃些菜,掉在桌上的饭粒要捡起来!背起书包去上学,她又开始唠叨:骑车要小心,要注意红绿灯,小心不要撞到别人!就是外出春游,妈妈也忘不了唠叨:带水了没有?吃的东西够不够?路上注意安全,不要到处乱跑。本来挺高兴的心情,都被她的唠叨给破坏掉了。"

"我有的时候会上上网,可爸妈整天在我跟前唠叨网瘾的事,我觉得很烦,因为我相信自己并没有多少网瘾,上网也只是和同学们聊聊天,放松一下,可他们却总是教训我说:又上QQ了?真想不通你怎么就爱搞这些乱七八糟的东西,什么QQ?既耗时又无聊,去网上找点资料不是挺好吗?听英语也可以啊,快把那QQ给关了。如此不能理解我,有时我真的想永远离开这个家!"

"人人都有妈妈,但我觉得我的妈妈特别烦人,整天唠叨个没完,一丁点事她就可以唠叨上半天,像磨豆腐一样没完没了。她的话虽多,但讲不到点子上,天天老一套,听起来既单调又乏味,我早就听腻了,听得耳朵都长茧子了。"

……

家长看到孩子们这些心里话,也许会感到委屈:我们唠叨,不都是为了你好吗?不正是爱你们的表现吗?你们为什么不能理解呢?

确实,没有父母不爱自己的孩子,但父母用唠叨来表示爱,效果会怎样呢?你唠叨得越多越久,孩子只会越烦。

一个让孩子产生"烦死了"念头的家长,教子话术显然需要提高。父母要把话说到孩子心里去,不能靠一次又一次的重复、没完没了的唠叨来让孩子记住。俗话说:"好话不说两遍。"说十次不一定比说一次有效。父母要让孩子听话,首先必须改变唠叨的习惯,掌握用一两句话就能打动孩子的说话艺术。

家长唠叨的原因不在孩子身上,而在自身。父母要想改掉唠叨的坏习惯,就要勇于反思,从自身找原因。

大致而言,父母的思想、性格、观念差异和教养方式等,会导致对孩子的唠叨。

思想上,父母对孩子寄予厚望,有的父母甚至将自己当年未实现的理想也寄托到孩子身上,想让孩子去实现自己没有实现的理想。这样简单的理想"位移",十有八九会让孩子背负上无形的压力。孩子如果能实现父母的"理想",那当然是皆大欢喜,而一旦家长发现孩子没有按照自己预期的步骤去做,便会为了加强"督促",不自觉地开始"强化教育"——唠叨。

据心理学研究分析,性格软弱和紧张型的家长比较容易唠叨。唠叨是不相信自己的表现,因为不放心,所以要一次次地重复,就像有人出门的时候,不相信自己已经关好了门,还要重复去看一次一样。软弱和紧张型的家长不相信别人已听见自己的话,当然也不相信孩子会照着自己的话去做,所以要重复,要唠叨。

观念上,随着孩子渐渐长大,接触的事物越来越多,对事物逐渐产生自己的看法和独立思考的能力。而父母这一代,跟子女成长的时代不同,接触的事物也有很大的差异。有些父母不能正视这一点,以老观点、老办法看问题,把自己奉行的观点反复强加到孩子身上,而不从子女的角度去思考,更不了解子女在想什么,这样就难免会产生冲突。

教养方式上,一些父母乃至祖父母骄纵、溺爱孩子,养成了孩子骄横、任性、贪图享乐的习惯和唯我独尊的心理,这样的孩子自然不会乖乖听话。有的家长明显感到言语教育不起效果,又没找到其他的好办法,于是错误地认为,遇到孩子不听话,一次不听,就说两次,两次不听,就说三次,三次不听就说五次,直至十次八次,只要自己多说几次,他们总会听进去。

不同的家长,唠叨的原因可能各有不同,但总体上可以分为以下几类。

(1)关心呵护式唠叨

这是一种无意识的爱孩子的本能。孩子还小,自控力差,做事常常顾此失彼、丢三落四,所以需要大人不断提醒,以至于对孩子照顾得无微不至,事无巨细都会叮嘱又叮嘱:出门要多穿衣服;晚上睡觉要盖好被子;吃饭时不要看电视;放学了不要在学校逗留,早些回来……这类家长把孩子当成永远长不大的小不点,对孩子事事不放心,不敢放手让他去经历风雨,不放心他独立做事。唠叨的结果是:孩子产生了依赖心理——反正有人提醒我,因而变得懒惰、散漫,没有责任感,培养独立生活能力成了一句空话。

(2)催促命令式唠叨

有的孩子性格活泼,顽皮贪玩,在父母眼里是"不听话"、不自觉、不好管教的孩子。父母认为他需要有人催促,像皮球一样,踢一下才动一下。于是,"该做作业啦""到睡觉时间了,该上床啦""不要在外面玩得太久,七点前要回家"的命令声在孩子耳边定时响起。当然,对于还没有养成良好作息习惯的孩子来说,适当的催促是应该的;但如果催促过多过量,孩子就算听从你的话,也会在内心对你产生抵触或怨恨情绪,使亲子关系变得疏远。

(3)习惯批评式唠叨

有些母亲习惯了对家庭成员比如丈夫的唠叨,自然也会以同样的方式对待孩子。这也和家长的性格有关,有些家长属于那种喜欢说个不停的人,似乎一天不唠叨就不舒服。这类家长会把唠叨挂在嘴边,怕孩子不上进,怕孩子还会再犯错。但后果是,孩子在心理上与你的距离越来越远,因为没有孩子喜欢听你不断地批评和指责。

(4)发泄不满式唠叨

工作上的压力,生活中的不愉快,人际关系的紧张,家庭的不和睦,对孩子的期望值太高,等等,都会影响到父母的情绪,而父母的情绪又会直接影响到孩子。经常看到这样的家长,孩子考试没考好,就对孩子大发脾气:"你看你,怎么就这么笨!人家某某都比你考得好!怎么就这么不争气!气死我了!""你怎么就这么没出息呢,长大了去扫厕所算了!"这类家长实际上是在发泄自己的情绪,孩子成了他们的出气筒。他们根本不懂体谅孩子的心情,不知道要考虑孩子的心理承受力,最后受伤的只能是孩子。

你唠叨的原因是什么?你属于哪一类"唠叨型家长"?反躬自省一下,是大有益处的,因为这有利于你自觉地改掉唠叨的毛病,成为会说话的父母,成为受孩子欢迎和尊敬的父母。

2.喋喋不休,不如问到点子上

想对孩子进行全方位的培养和教育,关键要掌握好说话的方式与分寸。如果对孩子反复数落,喋喋不休地指责,使用的方式大多为机械的重复,时间长了,孩子除了感到厌烦以外,根本什么都听不进去。一项调查表明,"我最喜爱的父母是讲话精练、有重点、不唠叨",这是孩子们的心声。

亲子教育专家张勤女士介绍说:有一天下午,她突然被儿子的小学老师叫到学校。在老师的办公室里,老师当着儿子的面向她抱怨:你这个孩子是多么多么淘气……老师甚至使用了很多难听的字眼,而她一听,却觉得没什么大不了。男孩子嘛,淘一点很正常。事隔多年,她仍然觉得心痛:"当时我儿子站在一旁,老师就那样数落他,孩子吓得缩在墙角一个劲儿地哭!一路走,孩子一路哭,任我怎么安慰也停不下来。"突然间,她想到:老师是专业的教育工作者,可连他们都不能百分百做到跟孩子顺利沟通,那么家长和孩子间的沟通是否会出现更多的问题呢?从此,她开始潜心研究如何当一个好家长。家长是一个全新的角色。在我们有孩子之前,谁也没当过家长,也没有人教我们怎么当家长;而当我们刚学会怎样给小学一年级的孩子当家长时,孩子又升到了二年级,我们的经验又不够用了,这个过程是周而复始的。她说:"教育不是把水桶灌满,而是把火点燃。"

点燃熊熊烈焰,有时只需要星星之火;打动孩子的心,有时只需要只言片语。想要对孩子说的话能发挥效力,就要做到少而精。简洁是智慧的镜子,唠叨则是教子乏术的表现。因此,当父母通过语言对孩子施以引导时,要提高说话质量,减少唠叨数量,使得每一句话都掷地有声,都能说到孩子的心里去,都能在孩子心中引起反响,这样才能起到及时、有效的效果。

要做到以最少的语言达到最佳的家教效果,父母应该做到尊重孩子,正确把握孩子的心理状态,针对孩子的个性特征,选对说话的时机,施以正确引导,讲究批评的艺术,以身作则,教子先正己,等等。

家长在特别想唠叨的时候,最好先忍一忍,不妨改变一下方式,试一试"把唠叨变成提问"。

比如,当孩子正准备写作业,同时又打开了音响时,家长一般会唠叨"一心不可二用""一心以为有鸿鹄将至,长大肯定没有出息"之类的话。这些大道理在这里起不到丝毫作用。如果能换成提问:"你为什么做作业要听音响,这里有什么科学道理呢?"这时,家长可能会听到一些过去闻所未闻的知识,诸如音乐能激活大脑,左右脑需要协调等。当然,如果家长是个乐于学习的人,就会在最新的资料中看到:通过科学对比实验证实,音乐虽然能激活大脑,但总的效果还是不如专心致志地学习。此时,家长若能拿出这个新信息,和孩子交换意见,效果一定比唠叨要好得多。

有时,就算孩子的某个做法明显不对,家长也不要直接指责,更不要揪着小辫子不放,说个不停。与其直接向孩子说教"这样做的坏处是什么什么",还不如向孩子提问"说说这样做有什么科学根据",或"如果换种做法,效果会如何"。在父母的提问和启发下,孩子会自觉地发现和改正自己的错误之处。

具体而言,父母把唠叨变成提问,至少有三点好处。

(1)有利于融洽亲子关系

父母一般都是高居于孩子之上的,很少和孩子平等地对话。如果父母能向孩子虚心提问,孩子肯定会受到震动,如此,自然乐于给父母解答,不会感到厌烦。

(2)有利于激发孩子开动脑筋

提高孩子思考能力的方法之一就是不断地向其发问。孩子们有时做事情并没有动脑筋,或是随大流,或是随意做。当他们听到问题时,必然要动脑筋思考,久而久之,就会养成爱思考的良好习惯。

(3)有利于了解孩子目前的真实认知水平

提问之后,可能会出现两种情况:一种是通过孩子的回答,了解孩子目前的真实认识。如果孩子的认识是错误的,父母可以进行教导,哪怕现在开始唠叨,也比一开始就唠叨强。因为此时的父母了解情况,属于"有的放矢",而不是"心有成见"。还有一种更可能发生的情况是:孩子的回答不仅正确,而且非常精彩,大大超过了父母原来的认知。这时,父母就要暗中庆幸"幸亏我们没有先唠叨,不然就丢脸了"。

当然,家长向孩子提问时态度一定要和蔼,更要虚心,不能摆架子,把提问整成"提审",变相为"审判式"唠叨是不可取的。

3.磨破嘴唇,不如动笔交流

孩子容易把父母说的话当成耳旁风,但如果你能将其写成文字,孩子就无法不注意,而且,文字更容易触动孩子的思想。

如果你看过《曾国藩家书》,就会知道,曾国藩用一份份感人至深的书信教育兄弟子侄,造就了曾门人才辈出的传奇。

傅雷是我国著名的翻译家和教育家,他写给孩子的《傅雷家书》在读者中的热爱程度经久不衰。《傅雷家书》以书信的方式,用平实、语重心长的话表达了自己对孩子成长成才的关心和指导,读来备感亲切,至今仍是许多人用以教育孩子的经典之作。

大多数人往往把书信用在具有一定空间距离的交往中,尤其是现在,通讯工具越来越发达,人们写信的机会越来越少,当父母和孩子同处一室时,更觉得没有写信的必要。但在教育孩子方面,写信交流是一个非常好的办法。当你觉得和孩子进行口头交流效果不太好的时候,当你希望自己的话语能够充分引起孩子关注的时候,就可以用这种方法,即使你和孩子近在咫尺。

有位妈妈到学校接女儿时发现,女儿在课堂上的写字姿势很差,眼睛离书面最多10公分,而且写作业的速度在全班是倒数。这位妈妈回家后很严肃地和女儿谈了半个小时,谈到最后,语气有点重,惹得胆小的女儿哭了起来。第二天都没有和妈妈说话。妈妈着急了,便决定给女儿写一封信。女儿收到这封信时十分兴奋,因为这是她收到的第一封信!刚看了一句就说:"妈妈,你是把我当作平等的人吧?"看完后,女儿跑过来紧紧抱住了妈妈。

女儿能从妈妈一封简单的信中读出平等、尊重,当女儿紧紧抱住妈妈时,母女间的所有不快与芥蒂都烟消云散,这何尝不让做母亲的欣喜呢?

父母在写信的时候大多平心静气,思路清晰,是一种"润物细无声"的教育方式。而且,父母与孩子进行书信交流,内容可涉及孩子学习生活的各个方面。

于秀娟是一位很优秀的母亲,她善于通过书信对女儿施以影响和教育。她给女儿写的信主要有三种:一种是关于读书的通信,一种是关于花钱的通信,还有一种则是关于成绩的通信。

于秀娟举例说:"女儿小学毕业前夕,提出要拿钱给同学们买纪念卡,以表达几年来同学之间结下的真挚友谊和浓浓的情感,这是人之常情。面对女儿的合理要求,我们不能打击她的热情,便答应了下来。晚上,我经过一番思考和准备,给她的抽屉里放了一封信。在信中,我给女儿算了一笔经济账,详细列出了她一年来为同学、朋友过生日、送礼物等的种种花销,同时,我还引用了一篇来自贫困山区希望小学的报道,里面介绍了几位不畏生活困难、勤奋读书的小学生。此外,我随信附上了几张我亲手做的精美贺卡,里面夹着自制贺卡的方法。第二天,女儿看到了信,她先是缄默不语,静静地思考,接着惊讶地说道:'真是不算不知道,一算吓一跳,我竟然花去了几百元,够那些小朋友几年的学费呢！'她拿起了我给她做的贺卡,爱不释手地看着,说:'哇,这贺卡比买的还棒,妈妈手真巧,我也要做,我要跟您比一比……'"

特别要强调的是,由于现在很多父母都很忙,纷纷选择将孩子送往寄宿学校,孩子可能一个月才回家一次。这样一来,家长与孩子交流的时间就更少了。有时孩子打电话回家,只有寥寥数语,很少深入交流,即便孩子回到家中,父母也经常会由于各种原因而忽略了与孩子之间的交流。有些家长倒是想与孩子交流,但孩子却不好意思将自己内心的想法当面对父母讲出来。以上种种原因,让两代人之间的沟通越来越少,父母在教育孩子方面好像无力可施,有的家长干脆把教育孩子的责任全部推给学校。其实,家长可以采取书信的方式和孩子进行交流。写信能表达父母心中对孩子最真挚的情意,孩子在读信的时候能从字里行间体会到父母对他的关爱,亲情的激发就是一种珍贵的教育。同时,当孩子给你回信的时候,他们也能够充分表达自己心中的喜怒哀乐,并在写信的时候锻炼文字表达能力。

父母与孩子以书信的方式进行心灵的沟通,应把握好以下几点。

(1)给孩子写信要有真情

之所以说写信是一种好的交流方式,是因为这种方式很感人,是父母真情的流露。如果父母不能倾洒真情于信笺上,写信就只能流于形式,无法达到与孩子沟通的目的。所以,父母写信时,可以把心里话写下来,放在孩子的床头,但别急着问他看了没有或者看了之后怎么想的。孩子肯定会看,不过他看了之后可能什么也不会说。等到你又有心里话了,可以接着写第二封、第三封。

(2)掌握写信时机

当有些事情父母无法说出口的时候,或者与孩子冲突升级的时候,父母给孩子写信交流可能比当面开口效果更好。因为父母写信时心情会平静下来,说出的话会更中肯,而看到这样的信,孩子自然会有些反思,从而更容易理解父母的苦衷。

(3)写信要有重点

除了把该交代的事情说完外,还应提出要求与希望。写希望要有侧重点,每次最好提一两点或两三点,提要求不能太笼统,要有针对性,切合实际。如果要求太多,孩子在短时间里就难以做到;即使做了,也容易囫囵吞枣,落实起来就成了纸上谈兵。

(4)鼓励孩子回信

让孩子回信,可以充分了解他的思想、学习等现状,以便进行对症指导。况且,一封书信如同一篇作文,经常写信可以起到练笔的作用,有利于孩子作文水平的提高。不仅如此,写信还能锻炼孩子的思维,增加孩子的条理性,并使孩子写出一手好字。

(5)给孩子回信要及时

书信要有来有往,不能只是儿女写,父母也要及时回。事情再忙,也要挤出时间给儿女回信,因为孩子在那一头盼着呢!

除了正式的书信,还有一种交流方式,那就是使用便条。

便条是一种简单的书信交流方式,内容非常简单,大多数都是一些临时性的询问、留言等,只用一两句话就可以完成。

在日常生活、工作中,人们可能会有一些简单的事情需要告诉别人,在因为某种原因而无法见到对方时,为了传递信息,就可以采取写便条的办法。

便条是一种简化的书信,常用于朋友、同事或家庭成员之间。如果父母有什么话要告诉孩子,可以给孩子写个便条;如果父母要对孩子提出什么要求,也可以给孩子写一个便条,然后再就便条的内容和孩子进行讨论。如果孩子有不同意见,可以进行修改。

下面是一位家长平时写给孩子的便条内容:

第一,未做事,先做人;做人第一,做事第二。

第二,做好人,才能做好事;做好事,才能立好身,处好世。

第三,学习是终身的事情,任何时候都不能满足,要与时俱进。

第四,方向明,目标清,行动快,不动摇。

第五,玩乐要有度,远离黄、赌、毒,追求健康生活,保持健康心态。

第六,对长辈要尊敬,不能顶撞家长,语言上不能带脏字和口头语。

第七,经常反思自己的错误,从改正自己的错误中进步,不断修正自己的状态。

第八,不断总结经验,积善扬长,加速前进。

第九,每天要再三地反省自己的言行。

第十,每天主动把自己的学习情况告诉家长。

很多孩子都不愿和父母谈论自己的学习情况,可是,如果孩子每天回到家里都能主动地向父母介绍一些学校里的事情和自己的学习情况,父母一定会非常开心。使用小便条,不仅可以给忙碌的父母带来方便,还可以促进正常的亲子交流,融洽彼此的亲子关系,使孩子健康成长。

4.换位思考,才能冷静开口

许多父母在教育孩子的过程中,都有一种自我中心倾向——在教育孩子时,父母完全从自己的角度、以自己的经验去认识和解决问题,而忽视了别人特别是孩子对同一问题的态度和看法,似乎自己的认识和方法才是最正确的。这类父母在开口训导孩子前,已经先入为主、成竹在胸了,孩子情愿接受最好,不情愿也得接受。

对少数父母来说,自我中心倾向是其个性特征的一种反映。也就是说,这部分父母从年幼时起就形成了一种"自我中心"的定势,认识、解决问题一贯地不太考虑他人的态度和方法。在对待孩子时,这种定势不但表现了出来,而且更为强化。也有少部分父母,头脑中的"封建家长制"观念比较严重,在他们看来,父母在孩子面前就是绝对权威。

自我中心倾向严重的父母,总是认为"孩子是我的,怎样教育、培养都由我说了算",于是对孩子学习、生活中的各项具体事情都以"我"的主意、"我"的办法为标准,别人(也包括孩子自己)不能发表不同意见。这类父母忘记了一个重要规律:外因是变化的条件,内因是变化的依据。内因在孩子身上,孩子的积极性不调动起来,光父母"一头热",即使磨破嘴唇,也未必能收到好的教育效果。

自我中心倾向严重的父母,在跟孩子开口说话和沟通前,应该进行一番换位思考。

换位思考是指认同他人的情感、思想或态度的能力,或替代性地体验他人的情感、思想或态度的能力。与孩子换位思考,就是站在孩子的角度去思考。这需要父母理解和体会孩子的想法,但要做到这一点并不容易。很多家长对孩子早已形成自己的看法和结论,很少留意孩子是怎么想的。

一位教授给在美国宾州大学医学院攻读医学和理学双博士学位的女儿的一封信中写道:"总结我几十年的人生哲理,'假如我是他'是一种很好的自我学习和锻炼的方式。你可以用这种方式试试当教授、当校长,还可以试试当议员、当总统。这是你的自由和权利,也是自我培养、自我提高的有效手段。"

这位教授的女儿在美国求学多年,处事方式西方化,但思维方式从小受父母的影响,颇具东方色彩。她对记者说:"吃什么,穿什么,今天冷不冷,要不要添衣服,我从小就懂,爸妈不用操心,也不用唠叨。但遇大事情,例如读什么学校,选什么专业,我会主动找爸妈商量,听他们的意见。"

她在美国攻读博士学位期间,突发"奇想":休学两年,回国内乐坛发展。面对这种情况,国内大多数父母或许会强行干涉,竭力阻止,可她的父亲却始终以"假如我是他"的哲理来处理,他认为女儿会半夜起来作曲,说明她有艺术灵感,有艺术创作冲动,作为父母不该强行干涉,扑灭她的创作"火花"。

中国封建的"家长意志"会抹杀孩子的创造精神,不自觉地将儿女引入"歧途",断送前程。因此,这位教授平时从不强求女儿去做什么、想什么,只是根据自己成长的经验给她一些指导,他很尊重女儿的选择。事实证明,艺术与科学是相互沟通、相得益彰的。这两年,女儿在国内成功地举办了多场个人演唱会,录制了歌曲专辑,拍过音乐电视,还先后两次荣获过中央电视台MTV大赛特别荣誉奖……

可以说,正是"假如我是他"的换位思考,使这位教授将女儿推上了成功的舞台。

以下几个问题有助于家长进行换位思考.

(1)我的说话方式和行为方式能让孩子接受吗?他们会听我的话,接受我的指导吗?

(2)我希望别人用我对孩子说话的方式对我说话吗?

(3)孩子对我为他们所做的选择会有什么想法?

比如,有一天,你的儿子把收音机拆成了一堆零件,而拆完之后,他无法将它们重新装回去。此时,你可能不但不会帮助儿子,还会嘲弄他。其实,假如父母能做一番换位思考:"如果我在某件事上遇到了困难,我乐意听到别人的责骂和贬损吗?那对我有帮助吗?"这样一想,你就不会贬损儿子了。

所有的家长都希望自己的孩子听话。但是,尽管绝大多数家长在教育孩子的过程中将他的目的表达得很明确,但由于没有考虑孩子的想法,所以他们的目的总是很难达到。实际上,无论是孩子、配偶、同事,还是邻居,如果我们不能将心比心,就不可能达到预期的结果。

在心理学界,换位思考已成为衡量"情商"高低的一个重要指标,具备换位思考能力的人容易与人交流。家长对换位思考的实践和示范能为培养孩子的许多技能奠定基础,这些技能对其将来建立令人满意的人际关系很有帮助。这些技能包括：正确理解社交暗示，轻松有效地与他人对话，主动倾听，鼓励和支持他人，有效解决分歧与争执，等等。家长每一次换位思考，都是对孩子的良好示范，都是在给孩子今后成功地处理人际关系播下健康的种子。

"知己知彼，百战不殆"，父母开口之前，主动进行换位思考，有助于全面了解自己的孩子，这样就不会"自说自话"地对孩子喋喋不休，也不会再用不正确的方式方法教育引导孩子。父母换位思考，有助于营造出和谐、融洽的交流氛围，使孩子更加理解父母，信任父母，愉快地接受父母的教导。

5.适当沉默，无声胜有声

东方大智者老子主张："施不言之教。"白居易诗云："此时无声胜有声。"在适当的时候，父母的沉默不语比喋喋不休更有威力，巧妙暗示比耳提面命更有效果。而父母的举止做派，本身就是对孩子潜移默化的无声教育。大爱无言，大音希声，如何对孩子施"不言之教"，实在需要父母的大智慧。

有句俗语说得好："沉默是金。"沉默能减少聒噪和唠叨，如此，孩子反而会有更多理性思考的空间。很多事例证明，沉默在家庭教育中有其独特的功效，如果家长能够恰到好处地运用，就能给孩子传递丰富、难以言表的信息,起到"此时无声胜有声"的教育作用。

下面是著名作家莫言谈到的一些他教育女儿的经验。

"我是一个不善于表达的人,虽然很疼爱女儿,但女儿小的时候,我和女儿的关系就像是两株彼此相邻、默默生长的植物,我只是顺应女儿的天性,让她快乐地成长。"

"1995年,13岁半的笑笑和母亲离开山东,随我来到北京生活。女儿笑笑此时已长成一个渐渐褪去天真的大孩子,在北大附中初二年级插班上学。虽然对女儿青春期的成长,和天下所有的父亲一样,我也是密切关注的,但有所不同的是,我对女儿的疼爱和关心更多的是不事张扬、默默无言,甚至有的时候,这份父爱是深埋在平静的外表之下的,轻易不会表露出来给外人看到。"

笑笑读高一那年,一天中午,突然下起了大雨。早上上学时天还很晴朗,笑笑没有带伞,中午到食堂吃饭时才暗暗叫苦,这雨总也不停,下午可怎么回家?然而回到教室,笑笑却意外发现课桌上放着一把崭新的伞。同学们羡慕地告诉她:"笑笑,你真幸福,刚才是你老爸来给你送的伞!"一股暖流涌上笑笑的心头。打着伞回到家,看着父亲俯身爬格子的背影,笑笑只感到父亲的爱沉甸甸的。

"如今,女儿有出息了。有人问我,为何能教育出这么一个既优秀又感恩的女儿,我能说的是:大爱无言,沉默也是一种教育。"

选择沉默,并不意味着对孩子不闻不问、放任自流,而是要时时刻刻对孩子做出暗示。在平时的生活中,要求孩子做到的,家长首先要做到,用沉默无声的行为来暗示孩子,感召孩子,以静制动,从而收到"不令而从"的效果。

当发现孩子犯较严重的错误而又弄不清楚真实情况的时候,为使孩子不隐瞒过错,及时纠正错误,家长可以先沉默不语,让孩子在沉默中感到震惊和压力,自觉把问题讲清楚。这样,父母才可以对症下药,因势利导。

陶行知先生在育才学校任教时,班内的一位女孩在考试题中少写了一个标点,结果被扣了分。试卷发下来后,她偷偷地添上了标点,来找陶老师要分。当时,陶先生虽然从墨迹上看出了问题,但并没有挑明,而是满足了女孩的要求。不过,他在那个标点上重重地画了一个红圈。女孩顿时领会了老师的意图,惭愧不已。多年以后,那女孩已经长大成才,她找到陶行知先生说:"从那件事以后,我才下决心用功学习,下决心做个诚实的人。"

陶先生的一次"沉默"不仅没有妨碍孩子改错,还促进了孩子的醒悟。试想,如果陶先生当面指出真相,结果会怎样?不是女孩被迫认错,就是她一时碍于情面,死活不认。无论哪种结局,孩子的自尊心都会受到伤害,更谈不上有什么教育作用了。

在批评和劝诫孩子时,家长最容易犯的毛病是当众把孩子说得一无是处。这种批评方式和态度容易伤害孩子的自尊心,引起孩子的抵触和反感。有时,用沉默代替对孩子的直接批评和斥责,反而更容易达到预期的教育目的。

如果发现孩子语言轻狂放肆或行为不够检点，父母可以采取沉默的态度，使自己显得和谐而稳重、慈祥而威严。这样，孩子就会感到父母身上有一种令人敬畏而又神秘的力量，进而自觉地收敛起不良行为。

在辅导孩子学习或进行交谈时，父母适当地使用短暂的沉默，可以给自己理清思路、选择措辞和观察孩子反应的机会。特别是当孩子与伙伴发生纠纷时，父母可以适当使用沉默，进行"冷处理"以缓和气氛，使孩子冷静下来，理智地接受父母的教诲。

6.不明说，巧暗示

在日常生活中，许多父母习惯于"明说"教育，也就是耳提面命，直接给孩子以明确的指点，让他懂得该怎样，不该怎样，从而规范孩子的行为。

明白说教虽然是一种重要的教育手段，但这种教育影响是直接的、外在的，只采用这一手段，会使孩子觉得父母总是管制自己，唠叨起来没完，进而逐渐产生一种逆反心理，大大影响教育效果。

其实，父母除了明说外，还可以巧妙地运用暗示教育法。"暗示教育法"就是用动作、表情等间接、含蓄的方式使孩子不自觉地接受某种意见或做某事的教育方法。

教育家苏霍姆林斯基说:"任何一种教育现象,孩子在其中越少感觉到教育者的意图,他的教育效果越大。"所以,父母在教育孩子时,不应用那些让人不愉快的"要求、命令、必须"等词汇,而应通过"启发、暗示、商量"等形式来进行。暗示是无声的教育,是"润物细无声"的教育。

父母在教育孩子时,应灵活运用下面几种暗示。

(1)眼神暗示

眼神是一种无声的语言,比语言更能细腻清晰地表达感情。眼神暗示就是用眼睛把要说的话表达出来,孩子觉察以后会依据家长的意图去行事。例如,家里来了客人,家长看看孩子,再看看茶杯,孩子便能领会家长的用意,"主动"给客人倒茶。

(2)表情暗示

表情比眼神表现得更明确。人的表情能传达多种信息,比如肯定、可以、不能、不该等,使暗示对象做出反应。孩子做了好事,你对他赞许地点点头;孩子经过努力,解开了一道题,你对他会心地笑一笑,这些都是很好的激励。例如,家里来了客人,孩子高兴得忘乎所以,发起了"人来疯",他一会儿大笑,一会儿尖叫,对爸爸的眼神视而不见,于是,爸爸猛地皱起了眉头,这下,孩子总算看到了,声音也降低了不少。这是爸爸的表情暗示发挥了效力。

(3)动作暗示

动作暗示就是用体态语言把自己的想法表露出来,从而达到教育孩子的目的。比如,父母辅导孩子做作业时,发现孩子坐姿不正,可以面对孩子做几个挺胸的动作,孩子接收到这种暗示后就会调整坐姿。再如,晚上9点多了,孩子还坐在电视机前,妈妈可以一言不发,站起来把孩子床上的被子铺开,这是在以无声的语言提醒孩子,该睡觉了。

(4)情境暗示

有位班主任的班上涌现了一批"追星族",学生们本子上摘抄的是明星的生肖属相,课间谈论的是明星的性格爱好。为了改变这种状况,聪明的班主任买来祖冲之、毛泽东、周恩来、爱因斯坦等古今中外名人画像挂在教室里,书写名人名言贴在墙壁上,黑板报上也增添了名人惜时勤学的内容,还围绕名人开展讲故事、诗朗诵等活动。"追星热"终于降了温,取而代之的是同学们以名人为榜样,比学习、比进步。

这一情景暗示的方法很值得家长借鉴。不同的情境能使人产生不同的心境,情境对孩子具有微妙的暗示作用。父母要善于营造优美的家庭环境,使孩子高尚的情操和良好的习惯在优美的情境中潜移默化地塑造起来。

(5)人物暗示

即家长利用自身的示范作用或权威人士的榜样作用来间接地影响教育孩子。例如,教导孩子不以强凌弱,与同伴友好相处,父母首先要保证不打骂孩子。

(6)活动暗示

让孩子参与活动,在实际活动中受到熏陶和教育。孩子精力旺盛、好动、喜欢做事,父母可利用孩子的这种特性,多分配他们一些"任务",使他们在完成"任务"的过程中受到教育。例如,爷爷行动不便,可以让孩子帮着端饭;妈妈病了,让孩子帮着倒水拿药;邻居买了东西,让孩子帮着拿回家等。

(7)认知暗示

即通过一定渠道,让孩子自我反省、自我评价、自我认识。

佳佳有许多不良习惯,如乱花钱、上课迟到、拖交作业等,爸爸没有直接批评她,而是要求她给自己远方的好朋友们写一封信,告诉他们自己开学以来养成了哪些好习惯、近期有什么打算。从此以后,佳佳果真克服了不少不良习惯,学习也有了明显进步。

佳佳爸爸的方法之所以能取得意想不到的效果,是因为佳佳在写信过程中进行了自我反省、自我认识,避免了心理对抗和厌烦。父母应抓住孩子的思想状况,利用积极的认知暗示,促进其良好习惯的养成。

总之,暗示法能够起到尊重孩子、潜移默化、自然而然地施以有效影响的作用。为了使暗示教育法收到更好的效果,家长可以巧妙地将上述几种暗示方式进行综合搭配运用。

7.善用幽默,化解冲突

父母对孩子说话的态度多种多样,但总的说来,不外乎疾言厉色、心平气和、风趣幽默三种。家庭教育的本质在"教育"

二字,无论父母采取哪种态度,都离不开生活理念的灌输,不同的灌输形式产生的效果大不相同。疾言厉色的态度可以威慑孩子,但容易让孩子产生对抗心理;心平气和式的态度能使孩子体会到自己与父母在人格上的平等,但由于语言平淡,不疼不痒,无法产生持久的效果;风趣幽默的态度触动的是孩子活泼的天性,因此更能在他们心中留下深刻的印迹,使他们时刻以此警示自己。

世界上有人拒绝痛苦,有人拒绝忧伤,但决不会有人拒绝幽默和笑声。在教育孩子时,父母如果能经常想到"寓教于乐",再顽皮、再固执的孩子也会逐步发生转变。幽默表面上只是一种说话态度,实际上,它贯穿的是一种乐观精神,一种坚信"明天会更好"的执著,反映了教育的人文本质。

当孩子处于青春期时,逆反心理会加重,这时,家长若能运用幽默风趣的说话方式,既能保护其自尊心,又能达到教育效果,自然更容易被孩子接受。

15岁的刘金晚上喜欢独自在房间里听音乐。一天晚上,时钟已经敲了11下,刘金仍然沉醉在美妙的歌声之中。妈妈喊了几次,见刘金仍无反应,准备起身冲到儿子房间里去斥骂一通,但被爸爸劝阻住了。爸爸起身到刘金房间门口,和颜悦色地对儿子说:"你能把音响借给我们用一下吗?""你们也想听流行歌曲?"刘金问道。"不,我们想睡觉!"爸爸回答。刘金听后笑了起来,立刻意识到自己深夜听音乐影响了父母休息,于是面带愧色地关上音响,上床睡觉。

如果父母采用责骂的方式阻止，可能会产生一场冲突，但爸爸幽默的话语避免了冲突，刘金又从中受到了很好的教育。家庭教育中，幽默这个"润滑剂"的确不可少。

幽默地说话远远胜过呆板无味地说教，它能使父母的教育导向化为无形，更有力地传递给孩子。

若兰在寄宿学校就读，离校回家时带了一大包脏衣服。爸爸见状说："今天家里的'永久牌'洗衣机出了点小故障，需要休息。"若兰听了一怔，旋即领会了爸爸的意图，便自己动手把衣服洗了，以减轻妈妈的负担。后来，她基本上都是自己洗衣服。

懂得幽默的父母一定可以巧妙地化解很多亲子间的冲突和僵局。只可惜，很多父母都无法以幽默的态度去看待孩子的错误行为。

幽默能带来快乐，使人从痛苦的情绪和经验中挣脱出来。孩子在成功之前必定会经历许多挫折，如果父母能以轻松幽默的态度去看待，孩子必定会被你的诚意所感动。幽默更是亲子沟通的润滑剂，在幽默中搭起的亲情桥梁是温馨而持久的。

父母还要注意的是，不要让幽默变成挖苦或讽刺。幽默并非用尖酸刻薄的话语来反讽孩子，而是诚心诚意地给对方机会，用笑话来化解尴尬。千万不要让孩子觉得自己渺小，伤害到他的自尊，尤其对有些敏感的孩子，要防止弄巧成拙。

给孩子好感受,孩子才有好脾气

1.孩子为什么爱发脾气?

爱发脾气是孩子在1岁以后出现的现象,一有不如意,便会大声哭闹、跺脚、打滚。这种"动肝火"不一定是对着别人,有时候还会冲着自己。

希望别人"那样",自己想要"这样"——这些欲望过于强烈,而现实又无法满足,孩子幼稚的心便会慌乱起来,在情绪上表现出不安定。想睡觉了、肚子饿了、感到累了的时候,一点小事都可能引起孩子发脾气。

当孩子发脾气时,父母应不声不响地把他抱起来,或是平静地注视着他，等待孩子自己安静下来。除此之外，没有别的办法。这种脾气暴躁期是孩子成长过程中的必经阶段，父母需要了解这一点，不要觉得孩子"变坏了"而去责怪、训斥他。

在商店玩具柜台前经常能看见这样的情景：孩子要父母买某一个玩具，父母不肯，孩子就大发脾气，吵闹不止，甚至躺在地上打滚。这时，怕丢面子的父母就会赶紧以满足孩子的愿望来使孩子停止吵闹折腾。其实，这种做法并不可取，因为它会使孩子觉得，只要自己发脾气，在人前大闹，父母就会满足自己的愿望。于是，每当孩子有新的愿望，父母不答应，他就大发脾气，使父母不得不屈从。久而久之，孩子就会变得越来越得寸进尺，脾气也会越来越大，变得越来越任性、粗暴。

乔庄4岁的女儿特别能哭闹，以前乔庄夫妇总是姑息迁就她，结果她以哭为武器，眼泪说来就来。乔庄感到这样下去不行，便找机会反复教育女儿，有什么要求，一定要说出充足的理由，只要理由正确合理，父母就一定会满足她。反之，如果不讲理地哭闹，那么即使是合理的要求，父母也不会答应。

这一天，女儿又开始犯倔了，乔庄让她先练画，每天规定好的时间，而她偏偏要先玩新买的玩具。乔庄一再给她讲要养成先学后玩的良好习惯，但女儿就是不听，还使出了她惯用的伎俩——抹眼泪。

这时，乔庄见说理不行，马上断然宣布："今天不能玩玩具了。"女儿一听，哭声又上了一个"音阶"，乔庄也马上"升级"："明天也不许玩玩具了。"结果到了第二天，女儿果然没能摸着玩具，不过她也没敢再哭闹，就怕妈妈再来一次"升级"，让她永远也玩不了新玩具。此后,女儿很少再采用这种无理的方式来表达要求。

孩子不是天生"坏脾气",而是做父母的慢慢把孩子养成这样的。行为主义心理学指出,孩子们的行为无论好坏,一旦受到了成人的赞扬或奖励,这一行为就会得到强化,以后在遇到类似情景时,这一行为就很容易再出现。

小孩子发脾气有很多种类型,只有区别出其中的差异,才能有的放矢,做好排解工作。

(1)疲劳或受挫折时发脾气

孩子在饥饿、疲劳或为他所做的事感到困惑时,很容易发脾气,其发泄方式主要是哭叫和踢东西。对此,父母应及时作出反应,安排他小睡一会儿或给他些小吃。如果这样还不行,就要设法使他安静下来,问清楚他哪里不舒服,并安慰他,鼓励他,给他提供帮助。如果还不奏效,就让他去做些别的事情,以转换心情。

(2)寻求父母的关注

当孩子想要和父母玩,想要父母注意他,而父母没有答应他的要求,或出门不准备带他时,他就会连哭带喊,甚至重重地撞门。这时,父母需要对他微笑,对他说爱他,并把他放在一个安全的地方,让他发他的脾气,等他安静下来再主动与他谈话。

(3)跟父母赌气,使小性子

父母说"该吃饭了",但孩子却说"不";"我们去散步吧",他还是说"不"。无论父母说什么,他都反对。这时,父母可以推迟一些事情,放段轻音乐,让孩子放松一下,切忌做正面冲突。就像父母一样,孩子也有心情不顺的时候,雨过天就晴了。

(4)破坏性或恶作剧的发脾气

孩子可能会专门在公共场合和人多的时候发出尖叫。对此,你可以采取隔离的办法,既是为了让他冷静下来,也是一种惩罚手段。事后,父母应该告诉他,这样做是非常不礼貌也不受欢迎的,是大家不希望看到的行为和表现。

(5)孩子的情绪失控

有时,孩子会在身体上和情绪上完全失去控制,尖叫着而且连踢带敲地闹个不停。此时,父母一定要冷静,尽量抱住他,让他平静下来,以防他伤害自己或他人。事后,父母一定要认真听取他的想法,了解事发原因,以防再犯。

孩子一旦发脾气,作为父母应该采取如下措施。

首先,搞清楚孩子发脾气的原因。

其次,父母要尽量从孩子的角度看问题。比如,你是否太"专权"了,什么都说了算,让孩子感觉不到自主和成就感。如果是这样的话,父母不妨在一些无关紧要的事情上让孩子自己做决定。教他如何做出正确的决定,这也是他真正成长的开始。

最重要的是,孩子发脾气时,父母一定要把握住自己,不要急躁。比如,若他不愿洗澡,父母不妨让他再玩一会儿,但不能放弃让他洗澡。切记,让步要有理、有利、有节,让步不能过大,也不能过于频繁,否则,他很可能会养成用发脾气与父母讨价还价的习惯。

一般来说,孩子越大,发脾气就会越加频繁和具有分裂性,而且难以控制。最好的策略是用以往行之有效的办法,如对待刚会走路的孩子,带他到寂静的地方去,叫他表达自己的感情,待平静后再与他谈曾经发生过什么、为什么。

如果孩子长到四五岁时还继续发脾气，父母一定不要跟着生气。这时可以告诉他父母是如何疲劳和心烦，帮助他认识到这种行为如何不好，千万不要对他进行身体或口头上的侵犯，要耐心、耐心、再耐心。切记，在教育孩子方面，没有捷径可走。

就像与成人交往一样，在孩子发脾气时，千万不要与他争论不休。父母可以把这当作孩子提高语言技巧的机会，诱导他把发脾气的原因说出来，一定要沉住气倾听他的解释。即便是孩子错了，也不要在气头上与他理论，一定要等到孩子气消了以后再与他谈话，指出他方才所做的有什么不对之处。

如果孩子每次发脾气的时间都很长，或经常一天发三次以上的脾气，那就应该寻求专业心理医生或儿科医生的帮助了。

2.让孩子有适当发泄的机会

看见自己的孩子在众人面前"脾气发作"，对父母来说是很件难为情的事。一般情况下，当孩子当众有异常表现时，父母首先想到的是自己的面子，所以会对孩子的行为快速地加以压制。很少有人真正地去关心孩子此时的心情与情感需要。

其实，这样做是不对的。作为训练有素的成人，父母的脑海中有成套的清规戒律：什么样的行为是可以接受的，什么样的行为是不应该发生的；在情感表达上，父母也有明确的概念，什么样的情感是值得赞扬的,什么样的情感是不应该存在的。

但孩子却没有形成这样的概念。比如,孩子在两岁左右爱发脾气是一种正常现象,因为这一年龄段的孩子易冲动,自制力差,对挫折的容忍程度非常有限。孩子要到外面玩,父母不允许,为什么不允许,他不明白,所以要通过发脾气的方式来表达自己的感情。而4岁以上的孩子对挫折有了一定的控制能力,初步明白了一些事理,如果还频频哭闹、经常发脾气,原因一般大多在父母身上。

父母应该明白:发脾气是孩子正常的情绪宣泄,要允许孩子发发小脾气,但更要找到孩子发脾气的原因和安抚孩子。

雯雯一向很固执,对自己认准的事情绝不回头,一不如意就会发脾气,找理由哭闹,妈妈对此十分头疼,总是提防着她的坏脾气爆发。

妈妈常常对朋友说:"我家雯雯平时很乖,但脾气一上来,怎么说、怎么劝都不行,真是软硬不吃。"

一天,一位朋友说:"她这样总得有原因吧?不会无缘无故就哭闹吧?"

在朋友的提醒下,妈妈留心观察,发现雯雯总是在父母不耐心或有恼怒表情后开始"发怒",而且纠缠不清。妈妈找了一些育儿书来看,其中讲到孩子对归属感的寻求,不禁有些醒悟。也许雯雯看到父母生气,会想到他们不再爱她,所以有危机感,因恐慌而暴怒。

找到原因就好办了。有一次,雯雯又闹了起来,这次,妈妈没有训斥或表现出厌烦,而是平静地看着她,然后和颜悦色地拥抱着雯雯说:"妈妈知道你心里难过,能不能告诉妈妈为什么难过呢?"这样问了一阵,雯雯终于吞吞吐吐地说:"我看你刚才生气,以为你不喜欢我了。"

"傻孩子,妈妈怎么会不喜欢你呢?刚才妈妈情绪不好,所以对你态度有点不好,可妈妈是喜欢你的,你要相信妈妈。"此后,每当雯雯有迹象要发怒时,妈妈都会先向雯雯声明她喜爱雯雯。这的确使雯雯平静了许多,不再没完没了地"找麻烦"。

假如孩子正因为某事在气头上,要允许他发脾气。父母不妨先坐下,安静地等待孩子,安静地看着孩子,不去打断他的怒气,全神贯注地关注孩子,这等于告诉孩子:你是被我在意的,我在认真地注意你的感觉或问题。给孩子发脾气的权利,有助于孩子宣泄心理能量,这也是对孩子一种关爱的表达。

孩子生气时,父母除了表示对他的理解和关怀外,还要尽量转移他的注意力,引导他做些愉快的事。对大一些的孩子可通过各种体育活动来达到其精神和身体的放松,有规律的深呼吸有助于孩子身心松弛。

发现孩子发脾气的苗头后,父母要鼓励孩子把心中的不快倾吐出来。一旦发现孩子的情绪有导向发怒的可能,父母应立即提醒他,并搞清哪些事情正在困扰着孩子,向孩子提供一定的帮助。

父母只有细心地观察孩子,理解孩子,允许孩子自由地表现,在理解的基础上进行引导,才能保证孩子的健康成长。如果孩子的坏脾气已经形成,可以采取冷处理方式,在其发脾气时故意忽视不理,让他慢慢冷静下来;也可以选择适当的方式让他发泄出来，如通过交谈帮助他把怒气宣泄出来，让孩子去跑步，去大声地唱卡拉OK等。

孩子的喜怒哀乐等情绪体验是毫不掩饰的，他们敢爱、敢恨、敢说、敢笑，这是孩子心理的一种优势，一种使得孩子能及时宣泄各种情绪能量的优势。他们自然流露这些情绪并不是什么可耻的事情，只要不扰乱别人的正常学习和生活，不伤及别人，就没有什么对和错之分，而且，父母要鼓励孩子这样做。

3.父母宽容，孩子才能大度

家庭教育是一个人接受最早、时间最长、影响最深的教育。一个人从出生到成人，都离不开家庭的教育和影响，父母的一言一行、一举一动对子女都有着潜移默化的作用。父母可以将自己的孩子培养成胸怀宽广的人，同样也可以将孩子培养成心胸狭窄的人，关键在于父母自身的行为。如果父母对人宽厚大度，久而久之，孩子也会浸染上宽容的好品质；如果父母没有气量，什么事都斤斤计较，时间长了，孩子也会变得心胸狭窄。所以说，父母要想让孩子学会宽容，自己首先要以宽容的言行来给孩子做好榜样。只有父母宽容了，孩子才能大度。

一位幼师刚毕业的女老师到一所幼儿园教学，由于缺少经验,工作中常常出问题。

一天下午,她带小朋友去学校体育馆玩。刚开始,她领着孩子们做游戏,之后便让孩子们自由活动,孩子们在体育馆里玩得很开心。

活动结束的时候,她锁上门,带着孩子在幼儿园门口等家长来把孩子一个一个接走。等到彤彤的妈妈来接彤彤的时候,老师却发现彤彤不见了,这可急坏了彤彤的妈妈。老师赶紧跑回体育馆,打开门,看见彤彤一个人坐在网球场上大哭,孩子明显受到了惊吓。原来,老师带孩子走的时候彤彤刚好上厕所,等彤彤从厕所出来的时候,人都已经走了。

彤彤看见妈妈来接她,哭得更凶了。看着哭得可怜兮兮的彤彤,老师特别害怕,生怕彤彤的妈妈会痛骂她一顿,然后去领导那里告状。老师就站在旁边,等着"暴风雨"的到来。

但出乎老师意料的是,彤彤的妈妈并没有冲她发脾气。只见她蹲下来,摸着彤彤的头安慰彤彤,并且很理性地告诉孩子:"已经没事了,老师因为找不到你非常紧张,并且十分难过,她不是故意的,现在你必须亲一亲老师,安慰她一下。"

听到妈妈的话,彤彤走过去亲了亲蹲在旁边的老师,并且说:"老师,不要害怕,我已经没事了。"

如今的父母都把自己的孩子看成心头肉,心疼得不得了,彤彤这种情况在不懂宽容的父母看来简直就是不可饶恕的"罪行"。但彤彤的妈妈却没有责怪受惊的老师,因为她知道老师缺少经验,出错是难免的,怪罪和责难只会使受惊的老师心里更加不好受。同时她也知道,自己的行为会对孩子产生很大的影响,自己在这个时候要是怪罪老师,孩子就会跟自己学,久而久之,就会变得得理不饶人。

那么,培养孩子宽广的胸怀,家长该做什么样的榜样呢?

(1)父母对人要宽容

孩子宽容的品质主要来源于父母,父母对家人、邻里、同事宽容大度,孩子就容易养成宽容的品质。与家人、邻里或同事发生矛盾时,父母不是斤斤计较个人的得失,不是一味地指责对方的错误,而是包容对方的过错、淡化自己的得失,孩子就会潜移默化地从父母的言行中学习到这种待人宽容的言行方式。

(2)不一味地指责孩子的过错和不足

每个人都会犯错,都有不足,孩子也是如此。如果父母能够宽容地对待孩子的过错和不足,不是一味地指责孩子,而是耐心地引导他通过努力改正错误、弥补不足,孩子就会从父母的宽容和耐心中学会宽容别人的过错和不足。

(3)不过高地要求孩子

过高地要求别人也是一种不宽容的表现。父母在学习、生活等方面过高地要求孩子,不仅会给孩子带来很大的心理压力,也容易让孩子学会过高地去要求别人,这样,他就难以接受别人达不到他的要求时的某些言行。

(4)给孩子足够的空间

拥有足够的身体和心灵空间的孩子更能精神愉快,也更容易具有宽容的品质。父母在日常生活中要注意给孩子足够的生活和发展空间,不过多地限制和约束他的言行,不给他制订过多的条条框框,让他能够在自由的空间中尽情地表现自己、发展自己。同样,孩子也会将父母这种给人更大空间的做法运用到他与别人的交往中,从而更宽容地接纳别人的言行。

总之,父母一定要通过言传身教来培养孩子的宽容品质。但同时,父母也应该通过自身的行为来让孩子明白,宽容不是懦弱,不是盲从,不是人云亦云,这一点是必须要向孩子讲清楚的。必须让孩子知道宽容是明辨是非之后对同学、朋友的退让,而不是对坏人坏事的妥协。对坏人和得寸进尺的人是没有必要宽容的。

4.稳住情绪,不被孩子激怒

很多父母感叹:这个小家伙一出生就开始跟我捣蛋,总是惹我生气。婴儿时期,给他把尿的时候他不尿,刚放到床上就尿了,真是成心跟人作对;不会走的时候成天要下来走,会走了却总是让人抱;上学的时候叫都叫不起来,放假的时候却起得特别早……家长觉得,随着孩子越长越大,他也变得越来越难带,越来越不按自己的心意走。

其实,身为父母的你之所以会有这种想法,是因为你总是把孩子当成自己的附属品,你忽略了他在一天天长大,渐渐有了自己的思想,你也忽略了孩子有自己的世界、自己的思维。人的本性就是追求开心,很多事情,他尚不知道对错是非,他需要的是你的引导,而不是你的断喝。

在商场，亮亮为了得到一辆玩具小火车，坐在地上大哭不止，亮亮妈妈又急又气地大声说:"这个玩具和家里的一模一样，哪能看见什么就要什么呢？"

妈妈试图把亮亮"挪走"，无奈他躺在地上打滚，边哭边说:"我就要买那个小火车！就要买那个小火车！"

妈妈使劲拽起亮亮，狠狠地说:"你再哭我就不要你了！"听到妈妈的威吓，亮亮哭得更厉害了。

亮亮妈妈肯定会这样想:"见着什么都想买，太不懂事了！""给他买了这个，他还要那个，得寸进尺！""让他不要在人多的地方乱闹，就是不听话！""不满足他的要求，他就躺在地上哭闹耍赖，真是丢人现眼！"……

孩子在公开场合哭闹不休，确实很让人生气。在亲子关系中，这是常见的现象。妈妈觉得自己似乎总是难以满足孩子的需要，而孩子似乎也养成了一个不好的习惯:只要不满足我的需要，就大哭大闹。面对这样的僵局，很少有父母试着去理解孩子行为背后的深层原因。

这实际上是一个交流的问题。孩子会透过妈妈对自己的关心行为，来确定妈妈是否爱自己。例如，当孩子感到妈妈似乎不像以前那样关爱自己，或者妈妈的注意力不再像以前一样集中在自己身上时，就会产生不安全感。这时，孩子就会用购买各种物品来引起妈妈对自己的关注，一旦要求没有得到满足，他们就会更加恐惧，进而采取更激烈的方式。如果亲子间能建立起"常态"的沟通习惯，规定一周至少有一天关掉电视，一家人一起来谈"令我烦心的事"，每个人都谈，通过平等、互助式的交流告诉孩子,任何遭遇都不会遭到家人的讪笑,爸爸妈妈会在他身边支持他。这样,孩子的内心会感觉更安全,亲子关系也会更融洽。

没有几个父母遇到这种事情会无动于衷。然而,只是单纯训斥孩子等于是在告诉孩子:"你的情绪是坏的,我不接受;你的欲望是错误的,我不允许。"但是,孩子无法控制自己的感受,面对琳琅满目的玩具货品,他们肯定会难以控制自己,这个欲望是没有错的。如果妈妈先接纳孩子的负面情绪,孩子就会信任自己的感受,为自己的情绪负责。但是,如果成年人拒绝接受孩子的负面情绪,强迫孩子控制自己,或者想方设法逗乐孩子,孩子就会逐渐变得不再相信自己的感受,一旦产生想要东西的欲望就会感到紧张和内疚,甚至不敢说出自己的想法,故作不想,如此,孩子的内心就会处于分裂和无助的状态。

孩子的欲望不会因为压抑和控制而消失,强行的压制不会降低它的力度,反而会令其破坏力成倍增长,妈妈应该教给孩子:"我承认我对目前这个情况很不高兴,我也接受我自己会因此而不高兴一段时间,但我不会让这个情绪控制我的生活、左右我的选择,我会解决这个问题。"

此外,在孩子因为购物而哭闹的时候,妈妈和孩子在身体上的接触对缓解孩子的情绪非常有帮助。比如在孩子哭时抱着孩子,轻轻地抚摸或者轻拍他的后背,这样的做法能帮助孩子尽快化解不良情绪。另外,妈妈要帮助孩子学会用语言表达内心的感受。

孩子虽然有时像小天使般可爱,但偶尔也会顽劣固执得像个小恶魔,让爸妈头疼不已。当孩子的行为过分时,再怎么理智的爸妈也很难不被激怒。这里提供几个小秘诀,帮助父母以和平的方式圆满解决问题。

(1)让孩子有选择的机会

避免老是以大人的权威命令孩子这样那样，让孩子有机会作选择，让他觉得自己意见被尊重，这往往能得到更好的效果。例如，问他"你想先刷牙还是先洗澡"，本来两者都不想做的孩子，可能就会勉强选择一种。

(2)寻求其他解决之道

当孩子想做一件会引起麻烦的事时，不要直接告诉他不可以，而应提议另一种能够让他做那件事的方式。例如，如果孩子想要在厨房盖积木城堡，建议他到客厅去玩，因为在那里可以盖更大更豪华的城堡。

(3)听孩子说内心的感觉

气极了的父母最直接的反应就是破口大骂。试着冷静下来，问问孩子的感觉，或许你会发现孩子其实也是情有可原的。例如，孩子欺负弟妹，可能只是因为害怕弟妹抢走父母的爱，所以想引起父母的注意。

(4)跟孩子讲道理

除了平时的告诫外，爸妈也要在实际情境中教孩子道理。例如，孩子抢弟妹的玩具时，父母可以问他："如果你的玩具被别人抢走了，你会不会不高兴？"让他明白自己的行为会对别人造成什么样的影响。

(5)让孩子尝到自己行为造成的苦头

在无大碍的前提下，让孩子自己体会自食恶果的滋味。例如，孩子坚持继续玩不吃饭，屡劝不听后，就别勉强他；当他自己饿了要求吃饭，告诉他："你说不吃的，我们就全都吃完了啊！"先让他饿一阵子,再拿东西给他吃。有了这样的经验,他就会知道准时用餐的必要。

(6)以有趣的方式转换冲突情境

爸妈如能发挥幽默感,不但能让自己不生气,也能化解孩子的反抗态度。例如,孩子不肯刷牙,爸妈可以说:"我们来试试一种好玩的方法,我刷你的牙齿,你刷我的牙齿好不好?"

(7)协商双方都能接受的办法

有时,和孩子谈条件、彼此各退一步也是一个不错的办法。例如,天色已晚,孩子还不愿意离开游乐场,可以和孩子协议再玩三次溜滑梯就回家。

(8)稍作让步

父母稍作让步,通常可以立即解决问题,不过这种方式只能偶尔为之。例如,孩子吵着想睡觉,不愿意刷牙,爸妈可以说:"好吧!既然今天你这么累,就不要刷牙了,可是只有今天喔!"

(9)暂时离开,直到自己平静为止

极度愤怒的父母可能无法理智地处理问题,此时最好先离开一下,转移自己的注意力,做点其他的事情,例如打电话给朋友、听音乐等,暂时不想孩子的事。等自己平静下来以后,再来解决问题,和孩子好好谈谈。

(10)修正自己的期望

换个角度想,孩子年纪小,有好动、固执、健忘、没耐性、自我中心、异想天开等缺点都是很正常的。只要自己不太过苛求,事情并没有那么严重。

5.和孩子一边做事,一边谈心

亲子间的沟通,说难也不难,说容易也不容易,关键在于父母是否能够走进孩子的内心。如果你能让孩子向你打开心扉,沟通便不会有阻碍。而要想打开孩子的心扉,就需要父母用真心去换。孩子体会到你的舐犊情深后,自然会向你倾吐心声。

日常生活中,孩子们为了反抗父母的安排、抵抗父母的意见,常常会出现"父母不让做的事情偏要做"的情况,和父母对着干,个别孩子甚至会用更为极端的方式来表达自己的不满:离家出走、自甘堕落、早恋甚至自杀。

为什么父母无法得知孩子的真实想法?为什么孩子不愿意将自己的真实想法告诉父母?如何才能将孩子真实的想法引导出来?

李明出生在农村,由于父母工作忙,李明一直都被寄养在爷爷奶奶家。由于是被爷爷奶奶带大的,所以李明和父母的关系并不亲近。上小学的时候,李明被父母接到了身边。父母的严格教育让李明感到压力很大,他不想和他们生活在一起,他觉得父母不和他沟通,不理解自己,甚至觉得父母很恐怖。

上初中之后,李明选择了住校。离开了父母,李明的学习、生活状态改变了很多,成绩在班级名列前茅,可他和父母的关系依旧不怎么融洽。李明对父母有一种说不出的讨厌,只要父母走到身旁,一靠近他,他就会感到一阵莫名其妙的烦躁。

班主任老师发现了其中的异样,找到了他。班主任耐心地开导他,终于,李明说出了自己的想法。原来,上初中之后,父母只知道让他考高分,从来都没有和他沟通过,他们根本不知道儿子的真实想法。

李明之所以不愿意和父母说话,主要在于父母和他的沟通方法有问题。生活中,很多家长都会像故事中的爸爸妈妈一样,将自己的想法横加在孩子身上,把自己没有实现的愿望寄托在孩子身上。

孩子的内心世界会一天比一天充实,当孩子有了属于自己的独立想法时,就会产生一种强烈的愿望,希望将自己的这些想法充分表达出来。但这些想法往往会与成人的认识发生矛盾,因而得不到肯定。于是,一些缺乏耐性的孩子为了发泄对成年人的不满,就会以反抗的手段来应对。

孩子长到六七岁的时候,身上会表现出一些反抗情绪。当父母让孩子去做某一件事的时候,孩子经常会以各种各样的理由加以拒绝。这时候,如果想引出孩子的真实想法,就需要父母动一番脑筋了。

红红是小学五年级的学生,一直以来,她都为自己脸上生有雀斑而烦恼。随着年龄一天天增长,这种情绪变得越来越强烈。

妈妈看出了女儿的心思,决定和女儿谈一谈。星期天,吃过午饭之后,妈妈将家中的相册拿了出来,女儿也跟了过来。

妈妈一边翻看,一边对女儿说:"脸上长有雀斑并不难看,更不会讨人厌!你看,爷爷、姑姑的脸上不是也长有雀斑吗?可是,这些雀斑却没有对他们的生活、工作产生任何影响,不是吗?"

女儿点点头,因为她知道爷爷是一位德高望重的老教师,而姑姑则是一位大律师。

妈妈说:"爷爷的脸上虽然长有雀斑,可是,没有哪个学生因为这个而远离他,你难道没看见,每个星期天都会有爷爷的学生来看望他吗?你长得这么像姑姑,尤其是这几个小雀斑,这说明你以后一定会像姑姑一样优秀。"

这次谈话之后,红红再也没有抱怨过自己的雀斑,反而还有点引以为荣!

看到自己脸上长了很多雀斑,女儿心生芥蒂。为了了解女儿的真实心情,妈妈和女儿进行了面对面的交流。她们一边浏览家庭的照片,一边谈论关于雀斑的事情。当一本相册看完之后,女儿的问题也就解决了。

生活中,只要一说到亲子之间的沟通,很多父母就会一本正经地把孩子叫到自己的面前,让孩子正襟危坐,说"我们谈谈吧"或者"我们沟通一下吧"。在这样的氛围下,孩子们只会感到紧张,又怎么会将自己内心的真实想法说出来呢?

"和孩子一边做事,一边说"确实是一个不错的方法,可以一边做家务一边谈,一边等公交车一边谈,一边锻炼身体一边谈……从而使孩子毫无保留地将自己内心的想法说出来。

需要注意的是,父母只要扮演好自己的顾问角色就可以了,千万不要无所不问。

吴芳和老公经营着一家餐馆,由于刚刚起步,所以,收益不是很好,家里的生活条件也不太宽裕。14岁的女儿梅梅是一个爱美的女孩,只要一看到其他小朋友换上了新衣服,她就会露出羡慕的神情。

一天,吴芳看见女儿拿着几件旧衣服坐到客厅里修修改改。当得知女儿是在给自己做衣服的时候,吴芳一阵心疼,一把夺过女儿手中的针线,说道:"我来做!"

女儿说:"你那么忙,还是我自己做吧。"

吴芳偏和女儿抢,结果女儿生气了:"我做就我做!你这是做什么?"

吴芳被弄得很尴尬,结果母女不欢而散。

梅梅爱漂亮,因此对穿着非常留意。为了让自己的衣服更加新颖别致,她不惜花时间自己改造旧衣服。如果吴芳能够做女儿的顾问,给女儿提一些建议,女儿可能还会接受。可她却大包大揽,夺过了女儿手中的针线。这样做,不仅会让孩子觉得不自由,从而产生叛逆的想法,还会剥夺他们锻炼的机会。

不同的孩子在思想观念、感情、情绪等方面都有不同的表现形式。谁了解孩子的心理,谁就能赢得孩子的心,进而将孩子的真实想法引导出来;反之,只会出现一种顶撞现象,甚至还会遭到孩子的埋怨,最终费力不讨好。

所以,当孩子表达出自己的想法时,即便不符合家长的意愿,也绝不能马上"一棍子打死"。在了解了背后的理由之后,给予正确的引导才是上策,一味地否认和责备,只会让父母与孩子之间的距离越来越远。

6.当着孩子面,父母不能互相"拆台"

由于每个人成长的背景和经历有所不同,所以人与人很难有观点完全一致的时候,即使是长久生活在一起的夫妻,也总会因各种各样的事情而产生分歧。

虽说夫妻之间有分歧是很正常的现象,但处理分歧的方式却是很有讲究的,值得注意的是,夫妻之间即使有再大的分歧,也不要在孩子面前互相拆台。

孩子年龄尚小,是非对错的分辨能力比较弱,很容易受到父母观点的左右。俗话说"清官难断家务事",年幼的孩子更无法成为父母观点谁对谁错的衡量砝码。

爸爸和妈妈又吵架了,爸爸一气之下连早饭都没吃就摔门而去,妈妈和12岁的郑远然一起吃早饭。

"你爸爸呀,一点也不顾咱这个家。你说,他心里有咱娘俩吗?除了回来吃饭睡觉,什么时候陪咱俩出去玩过?他倒好,在外面吃香的喝辣的,回来就二郎腿一翘什么也不干,连你的学习也不管……"刚开始吃饭,妈妈就开始没完没了地向孩子抱怨。

"你说,他算个称职的爸爸吗?哪回开家长会不是我去的?自从你上学,他去过你们学校吗?你说……"

"妈,我吃饱了。"不等妈妈说完,早已听够了妈妈发牢骚的郑远然随便吃了两口,背起书包就上学去了。

"唉,这孩子,连话也不让我说完。"妈妈叹了一口气。

郑远然来到学校上课,但妈妈的话却还在他的脑海里,像留声机一样一遍又一遍地响着。他不由地想:爸爸真的像妈妈说的那样吗?他开始回想小时候的事情,回想关于爸爸的记忆……老师的讲课声已经进不到他的耳朵里,他揣测着妈妈的话……

妈妈的牢骚虽然听来很烦,也许孩子根本不愿意去听,但听多了还是会让孩子受到影响。"是爸爸不好,还是妈妈不好?"这是孩子最不愿意面对的问题。因为在他的心里,爸爸和妈妈同样重要,都是他最亲近、最值得信赖的人。

夫妻之间相互拆台和抱怨,并不能让孩子更爱其中某一个人,也不会让他觉得哪一个更有威信,只会让他的内心产生矛盾,从而在上课时不能集中精力,影响到学习。没有哪个父母不爱自己的孩子,但不得不说的是,父母的爱虽然伟大,有时却往往不够理智。比如有时,父母也会在对孩子的教育方式上产生分歧。

爸爸和妈妈都很爱7岁的儿子秦南,但他们爱的方式却有所不同。爸爸是个感性的人,他希望儿子能开开心心地长大,所以凡是儿子要求的,他都会尽量满足。秦南常常和爸爸撒娇,他上楼梯时总是故意喊累,让爸爸背他上去。

妈妈觉得不能这样娇惯儿子,于是呵斥他说:"下来,你都多大了,还要爸爸背你上楼。"不等儿子说话,爸爸便毫不在乎地说:"没事,我背我宝贝儿子高兴着呢!"然后回头问儿子说:"是吧,宝贝儿!瞧你妈,她不背你,还不让爸爸背你。"

其实，妈妈是想培养孩子的独立性，不想他太过于依赖父母，可孩子的爸爸却总是事事都要为儿子做好，生怕他吃一点苦。因此，夫妻二人在儿子的教育问题上产生了分歧。而且，儿子常说"妈妈没有爸爸好"，这让妈妈感到很伤心，她和丈夫之间的感情也因此受到了影响。

其实，每个家庭都是一个整体，只有爸爸好、妈妈好，孩子才能更好，这就是老祖宗说的"家和万事兴"。

因此，父母在教育孩子的时候，不要和孩子说类似于"你爸不疼你"、"你妈不够爱你"之类的话，也不要把双方的分歧暴露在孩子面前。

不少初为人父母的人往往容易忽略这一点，只要认定自己的教育观点正确，就会毫无顾忌地在孩子面前反驳对方。殊不知，这样做会影响到孩子对父母的看法，导致他和爸爸或者妈妈感情疏远。

在孩子面前，即使对方有做得不对的地方，也不要当着孩子的面说，要互相表扬，为对方树立威信。当然，互相表扬的前提是要能真正地发现对方的优点，不能只是做给孩子看。孩子也许年龄小，但这不代表他分不清真假，如果父母只是做戏给他看，并不是真的相互欣赏，那么他从父母那学到的便不是人与人之间的赏识和关爱，而是虚情假意。所以，夫妻双方要尽量发现对方的长处，体谅对方的辛苦，要想到能在千千万万人中成为夫妻是一种难得的缘分，不要为了谁付出多一点、谁付出少一点而斤斤计较，也不要为了谁更有理而争吵。

老人们常说"家不是讲理的地方"，那不是因为家人不讲理，而是因为家是一个充满情意的地方，处处争理会伤了彼此的情分，也会伤到家人的心。

对同一件事，不同的人总会有不同的看法，有意见并不是问题，问题是双方没有及时地沟通和交流，从而让意见变成了误会，让误会发展成矛盾。当矛盾上升到一定级别时，双方便很难再心平气和地坐下来进行交流了，这时，争吵便会不可避免地发生。

所以，夫妻双方无论是在生活还是在孩子的教育方式上有分歧时，一定要及时进行沟通，不让意见堆积成矛盾，更不能让矛盾扩大化。通过沟通，尽量做到双方意见互相调和，若是双方的意愿能达成一致，对孩子的教育则更为有利。

有的父母会将自己对妻子(丈夫)的抱怨说给孩子听，好像在让孩子为自己评理。可事实上，如果父母经常向孩子说起自己另一半的"坏"话，只会让孩子感到迷茫。但孩子总有长大的时候，等他能够明辨是非，学会理性地看待自己的家庭问题时，他就会认为父母不该向自己说对方的坏话，不该把他心中的埋怨带给自己，不该让自己的童年多一层本不该有的灰色阴影。

所以，为了孩子心灵的健康成长，父母应该把自己的矛盾限于两人之间，不要影响到孩子。

第五章

态度不对,所有说教都是白费

1.嘲笑讽刺,打击孩子自尊

从父母那里,孩子最希望得到的是赞赏和鼓励。所以,不明智的父母对孩子一句公开的嘲笑或讽刺,就可能使孩子失去所有自信,没有什么比父母的嘲笑或讽刺更能打击孩子的自尊。

李杰是一个事事追求完美的孩子,每做一门作业,他都希望能做到最好,因此,每天放学后,他总是有做不完的作业。

李杰因为力求完美,花在做作业上的时间过多,导致晚上睡得很迟。睡眠不足,上课时便无法集中精神,如此恶性循环下,李杰的成绩越来越差。

第五章 态度不对，所有说教都是白费

而李杰的两个弟妹却聪明伶俐，相比之下，李杰便成了父母心目中的笨孩子。

李杰的妈妈经常在亲友和邻居面前公开嘲笑他："瞧你那副蠢样子！你真是一头笨驴。"久而久之，"笨驴"便成为了父母、邻居和同学嘲笑的对象，李杰心目中亦觉得自己很笨、没有用处，原本不大理想的成绩更见低落，直到15岁才勉强完成小学课程。

李杰自知无法升读中学，也相信自己比别人笨，便没有继续读书，而是出来找了份工作。由于李杰对自己失去了信心，每份工作都做得不好，经常被老板开除。后来，李杰一家搬走了，便再没有他的消息了。

从以上这则事例中，足可见父母如经常嘲笑和讽刺孩子，对于孩子的负面影响是何其深远！

每个孩子都有他的优点，也有其弱点，当弱点显现，导致他在某件事上失败时，有些父母就会采取嘲笑和轻蔑的态度去数落、贬低孩子。

父母的用意可能是想刺激孩子的进取心，使他再次振作起来，可这样做不但无法刺激孩子改过，还会导致不良的结果。

孩子连连挫败，已经非常失望了，此时，父母不但不加以鼓励，反而一再数落他、讥笑他、贬低他，这样只会使孩子更加失去信心、继续失败，一直到完全陷入绝望的境地中。

经常遭受父母嘲讽的孩子，有一些长大后会变得畏首畏尾，没有自信，也有一些会对父母产生怨恨而耿耿于怀，等到长大后再找机会报复。

一个习惯以讽刺的态度批评孩子的父母，孩子是不会真心尊

敬他的。

项娇长得很娇小,同学都拿她当小妹妹疼爱,事事迁就她。大家都说,看到项娇的模样,就忍不住要疼爱她。

一天,项娇和伙伴们去郊外露营。项娇在征求妈妈的意见时,妈妈同意了。临走前,妈妈嘱咐她:"要和同学们相互照应,自己的事情自己完成,不要总让大家帮忙,这是锻炼你的时候。"项娇笑眯眯地回答道:"我知道了,我不会成为大伙的累赘的。"

来到郊外露营,项娇对大家宣布,不要帮助自己,她能自己把事情干好。话虽这样说,但项娇还是没少让大家操心。她的行李大部分都由男生拿着,过草地时,项娇总是担心有蛇,总要一个人紧紧地拽着她的手。项娇最害怕的是夜晚,她觉得郊外的夜晚很恐怖,一个晚上没有合眼,惊恐地睁着眼睛到天明。

经过一天的野外露营,项娇终于回到了家。妈妈看着她发黑的眼圈,询问道:"怎么就这么一天,眼睛就凹下去了,你没睡好觉吗?"

项娇抱怨道:"郊外的夜晚好可怕,都是猫头鹰的叫声,我根本不敢睡觉,所以……"

妈妈问道:"那其他同学也是这样吗?"

项娇摇摇头:"不是呀,大家都睡得可香了。"

妈妈笑了笑,说道:"看吧,就你一个人是这样。你真是个胆小鬼,什么事情都害怕,唉!"

妈妈的话语让项娇感到很委屈,在同学们的心目中,自己是不是也是一个胆小鬼呢?

妈妈的一句话让项娇陷入了"我就是胆小鬼"的自卑中。

其实,造成孩子胆小怯懦的原因是多方面的,主要是环境与教育的影响。例如:父母过度地限制孩子的活动,不准孩子单独外出;父母过分地娇惯孩子,事事包办……归根到底,还是父母教育的问题,不能责怪孩子胆小。若父母张口闭口"胆小鬼",只会强化孩子的胆怯意识,使孩子变得越来越胆小。

许多父母为纠正孩子的缺点,总是先情绪激昂、没完没了地责备孩子。有的父母说,最初,他们"因不责备就不改"而责备孩子,后来因孩子"即使责备也不改"而苦恼,最后又因孩子"不可救药"而放弃不管。

一味地责备,不用说孩子,就连大人也会失去信心。这样下去,只能培养出因设法保护自己而产生反抗心理的孩子。

讽刺,会伤害孩子的自尊;讥嘲,会打击孩子的信心。作为合格的父母,给予孩子的应该是赞赏,因为只有赞赏才能让孩子树立人生的自信;作为成功的家长,给予孩子的应该是鼓励,因为只有鼓励才能让孩子释放出生命的潜能。

2.期望太高,引起孩子逆反

对孩子提出适当的要求有利于孩子的成长。然而,父母过高的要求、过多的期待,甚至过严的苛求,则会对孩子的身心健康造成伤害。因此,父母应当用平常心看待孩子的成长,不要对孩子说要求过高的话。

吴敏和章梅是邻居,又是同班同学。章梅从小学到初中一直是班里的学习尖子,担任过学习委员、班长等。吴敏学习也很用功,但她因不如章梅头脑灵活,再加上学习方法不当,所以成绩总在中游水平徘徊。中考成绩下来了,章梅以优异的成绩被市重点中学录取,而吴敏只进入了一所一般的中学。吴敏的妈妈看到这样的结果,尽管已经有了心理准备,但还是非常生气,觉得女儿没出息。有一天,母女俩为了一件小事发生了争执,妈妈控制不了自己的火气,恶狠狠地对吴敏说:"你这个不争气的东西,我怎么就没生一个像章梅那样的孩子?"

俗话说"人比人,气死人",家长自己也明白,鉴于各种因素影响,人与人之间是不可比的。但有的家长自己不和别人比,却常拿孩子去比。其实,这种对比对孩子的成长是极其不利的。

当孩子失败、失意的时候,父母不应拿别人和他做比较,这只会引起孩子的逆反,进而导致他的自卑,除了会伤害到孩子脆弱的自尊外,对孩子一点帮助都没有。

孩子在这个时候需要的是家长的体谅和安慰,一个微笑或一次抚摸,都会让他重新振作起来。让孩子在挫折中坚强地站起来是每一位做家长的责任。

"你要是考不进市重点,后果自负!"这是一位母亲在对女儿进行恐吓时说的话。结果,女儿拼命努力,终于如愿以偿地考进了重点中学,于是,母亲百般宠爱她,因为女儿替她争了光。

"你必须在全班考第一。"这时,母亲又提出了新的要求,女儿脸上的笑容慢慢地消失了,焦躁与不安爬上了她的眉宇。

不久,考试结果出来了,她没有成为全班第一。母亲将女儿辱骂一通,又提出了新的目标:"期末考试成绩要是达不到90分,你就不用回来了!"母亲威胁的口吻还是那样坚决。第二天,无奈的女儿选择了离家出走。

一旦孩子功课不好,投入巨大的父母往往比孩子更伤心。一些家长说,他们天不怕地不怕,就怕老师反映自己的孩子功课落后,这样的消息比股市暴跌还要让他们难过。

在高期望值的支配下,父母评判子女好坏的标准严重失衡,孩子教育成败多是以成绩好坏来衡量。只要考试成绩好,什么都好说;如果考试成绩不好,怎么都不行。在这种心态的驱使下,家长们对学习好的孩子极尽娇宠。每年寒暑假的第一个星期天,许多大型商场都会挤满一家三口的购物者,原因是孩子考试前家长曾经许诺,考得好就给买高档玩具、衣物、电子产品等作为奖励,他们是来兑现承诺的。当然,成绩没有达到家长要求的孩子是绝对享受不到这种待遇的。

殊不知,对孩子这样过分要求,不仅对孩子的成长无益,还会伤害孩子的身心,阻碍孩子的成长。

金健考进了一所重点大学。一次同学聚会上,他非常感慨地诉说了这么多年来自己学习的压力。他说:"我现在真感觉像是一个解放了的囚徒。多年来,妈妈无止境地加码,压得我喘不过气来……每当我实现了妈妈的愿望,妈妈都会非常高兴,此刻的我就成了天上的星星;而一旦我没能达到妈妈的要求,我就会变成地上的狗熊,无休止的奚落就会劈头盖脸地扑来……"

"多少年来,在我的心中只有第一,必须第一,无数个第一整天在追赶着我,我真是太累了……记得有个星期天妈妈出门,我做完作业和邻居家小乐玩了会儿球。这时妈妈回来了,她紧绷着脸说:'快看书去,玩什么玩,以后考不上大学,你还有什么出息!'唉,现在总算是解脱了。"

家长把进大学深造看做是孩子的唯一出路,很自然地,孩子就会潜移默化地接受家长的思想,一心一意努力奋斗,为上大学而学。那么,在竞争激烈、强手如林的考生中,如果孩子失利,没有迈进大学的校门,他还会有出路吗?他还会有希望吗?他把出路和希望都寄托在了"一定"或"必须"上,后果可想而知。

因中考、高考失利而自杀、出走的事例还少吗?难道还不能引起父母的反思吗?

父母的思维不能太过绝对,要让孩子多渠道思考问题,不要把人生的希望放在"必须"和"唯一"的赌注上,否则,一旦失利,孩子就会无法承受。所以,要从绝对化的思维方式中解放出来。有的家长就教育高考落榜的孩子"榜上无名,脚下有路",避开了"必须""一定"等绝对信念的左右,最终取得了不错的教育效果。

此外,父母还要针对孩子自身的特点和基础正确地引导孩子进步。只要孩子努力了,达到什么程度都欣然接受。千万不要用过高的期望来给孩子的心理加压,以免造成本不该发生的悲剧和遗憾。

一天,苏珊兴高采烈地拿着一张数学试卷跑回家,一进门就喊:"妈妈,我今天数学得了100分。"

妈妈正在忙着洗菜,准备做饭,听到苏珊的话便说:"你没看见我正忙着吗?再说,有什么好看的,你早该得满分了,别的小朋友不是经常得100分吗?"

苏珊本来是想让妈妈夸奖自己一番,想和妈妈一起分享自己的快乐。没想到,妈妈的一瓢凉水泼得她一点儿兴致都没有了。

苏珊可能并不是一个在学习上十分聪明的孩子,但她对自己的学习很在意,把它作为自己生活的重要内容,她希望自己能够获得好成绩。她是那类在学习上努力、勤奋的孩子,自尊心很强。

对于这样一个孩子,苏珊妈妈的态度是不对的。

孩子对自己的认识和评价大多是依据他人对自己的评价得来的。也就是说,在孩子尚未形成对自己的稳定评价时,外界的批评或表扬在很大程度上会影响到孩子的情绪和行为。然而,许多父母却不愿把表扬、赞赏带给孩子,他们以为,只有"严厉"才会对孩子起作用。他们甚至可能把"严格"理解为态度生硬甚至对孩子进行责骂、训斥,把严格与鼓励、赞赏截然对立起来,认识不到表扬、赞赏的独特魅力。

不要对孩子说要求过高的话,因为那样会增加孩子的压力;不要对孩子说要求过高的话,因为那样会伤害孩子的身心。每个父母都应该明白:要求适当,才能有利于孩子身心健康;目标合理,才能够促进孩子成长成才。

著名的教育家陶行知先生早就告诫过父母们:"不要让孩子

成为人上人，不要让孩子成为人下人，也不要让孩子成为人外人，要让孩子成为人中人。""人中人"就是"平常人"。培养平常人就要有一颗平常心。以平常的心态对待孩子，就不会对孩子提出苛刻的要求；以客观的眼光看待孩子，就不会对孩子提出过高的目标。

3.以暴制暴，造成矛盾激化

明智的父母，会让孩子得到知识的熏陶；温和的父母，会让孩子得到心灵的抚慰；而粗暴无礼的父母，只能使孩子在不良的环境中扭曲性格，污染心灵，在痛苦与自卑中浇熄梦想。所以，为了孩子的明天，请让粗暴的父母远离孩子。

一天晚上，彭浩和爸爸在家里看电视，彭浩并没有把心思放在电视上，而是玩起了爸爸平时钟爱的一只小碟子。爸爸一开始还叮嘱孩子要小心，但随着对电视的关注也就不再说了。

突然，彭浩没有拿稳碟子，小碟滑落到了地板上，摔成了碎片。彭浩一下子愣住了，不知道怎么办才好，爸爸这个时候也愣了一下，但接着便本能地给了孩子一脚。彭浩惊慌地一躲，一溜烟跑出了家。望着孩子逃离的身影，爸爸大声说道："你滚吧，想去哪里就去哪里！出去了就别再回来！"孩子的眼泪立即下来了。

其实,孩子犯错后内心是忐忑的,他已经认识到了自己的错误。这时,若父母不能体会孩子的心情,而只是任凭自己的怒气发泄出来,不仅起不到教育孩子认识错误的目的,还会伤到孩子的心,进而引起孩子的反抗情绪。

父母教育失败,孩子离家出走的事件屡有发生。许多情况下,孩子是被父母的话逼出家门的。冲突爆发时,父母与子女唇枪舌剑,互不相让。有些父母利用孩子依赖性强的特点,动辄就用抛开不管一类的话来恐吓孩子,发泄自己对孩子的不满,不少任性要强的孩子因为忍受不了父母的嘲弄逼迫而离家出走。

有关专家指出:在任何情况下,父母都不应该用赶出家门来要挟子女,迫其改过。孩子有错,应该明确指出,即使在批评孩子的时候,也应该让他感受到父母的慈爱和深情的关切,从而产生自强、自信、向上的力量。否则,即使孩子一时屈服了,也于事无补。

肖强是个好胜心很强的孩子。一天,他在学校操场上与同学一起踢足球,为了一个点球与同学争吵了起来。两人争着争着,对方同学骂了他一句:"你这个乡巴佬,滚回你的老家去吧!"原来肖强家住在农村,今年因爸爸在城里找了一份工作,父母才把他转到县城里来上学。听到同学的辱骂,肖强的火气一下子冒了起来,他冲上去,一拳把那个同学打倒在地,然后又骑在对方身上猛打起来,后来在其他同学的拉扯下才停手。因为此事,肖强挨了老师的严厉批评,并把打架情况通知了家长。放学后,爸爸怀着一肚子气,拎着肖强的耳朵进了屋,然后恶狠狠地对肖强说:"以后再在外面与人打架,看我不打断你的腿!"

有些父母以为这种以暴制暴的恐吓话能有效地制止孩子在外面闯祸,以为这是最直接、最有效的手段,其实这是替孩子树立了一个坏榜样。父母是孩子学习的对象,但说这句话不但没有建立好的榜样,还让孩子以为打架不是过错,因为连父母都乐于采用,难怪孩子要模仿成人用拳头解决问题了。

听到自己的孩子动手打人,父母必定会非常紧张、气愤,认为这种暴力行为必须要立即制止。但制止归制止,父母不能不问情由就破口大骂,而应以平和的态度说:"我知道你很生气。"以表示明白孩子的感受,然后坚决地说:"但绝对不可以动手打人。"说明反对这种野蛮的行为,再给孩子冷静的空间进行思考,平复激动的情绪。

这场架可能另有内情,所以父母在平息孩子的怒气之后,要了解事情的真相,引导孩子说出打人的原因,再根据具体情况,教导孩子应该怎样处理才是正确的。事后也要与孩子一起检讨,打架是否可以解决问题。

周小勇的爸爸已经记不清这是第几次被老师叫到学校了,每次去学校,老师都反映周小勇使用不文明的语言,有些脏话让老师听了都脸红,让周小勇的爸爸将周小勇领回家批评教育。一出校门,爸爸就发起怒来:"你这个×!再骂人我就打死你!"

当听到孩子说着粗言秽语时,父母的反应一定很惊讶:"为什么我的孩子会说这些话!"

其实,大多数孩子的粗话、脏话都是从父母处学来的。古人云:身教胜于言教。父母要想教育孩子不骂人,自己首先要戒除骂人的恶习,然后冷静下来,告诉孩子说这些粗话的不利影响。

当听到孩子说粗话时,父母应把重点放在帮助孩子纠正恶习上,而非指责。单是斥责,是没法让孩子学到正确的做法的。

孩子为什么会骂人、说脏话?世上没有无因的果,孩子骂人、说脏话一定是学来的,周围的成人包括同龄伙伴都是他们学习的对象,影视中出现的脏话也是他们的学习对象。这种学习纯粹是因为觉得好玩,属于无意识的学习。

对于孩子爱骂人、说脏话的行为,可以用以下方法解决。

(1)细心了解,分析孩子骂人、说脏话的由来及其心理动态,然后对症下药,采取不同措施。

(2)不加理睬,使孩子因没有引起别人对自己的注意而自动减少骂人、说脏话的行为。千万不可重复孩子说的脏话,以免强化其不良行为。

(3)一旦孩子学会了骂人、说脏话,不要简单地训斥或恐吓,更不能打骂,应对他们进行教育,讲明道理。如果孩子对教育无动于衷,可进行适当的惩罚,以防止形成不良习惯。

4.别让"溺爱"毁了孩子的前程

关爱与溺爱虽都是对孩子的爱,但对孩子一生的影响却有天壤之别。前者是父母在疼爱与关心中尽责的教育、尽心的培养,而后者却是在父母娇惯放任中对孩子的纵容和偏袒。父母如果期望孩子长大成才,就别让自己的溺爱毁了孩子的前程。

从小时候起,郭玉祥的妈妈就整天围在他周围,生怕孩子会摔倒,或被东西磕到。

现在,郭玉祥已经上初中了,个头差不多和母亲一般高了,但妈妈还是不放心。

这天,郭玉祥学校要组织去郊外的滑雪场滑雪,郭玉祥第一个报了名。郭玉祥可高兴了,他常常在电视里面看到人们滑雪的帅气样子,这下自己终于能够亲自去了,能不兴奋吗?可是在征求母亲的同意时,妈妈却坚决不允许:"滑雪是多么危险的事情,你怎么能去呢?"

郭玉祥反驳妈妈说:"我现在已经不是那个需要你牵着手才敢走路的孩子了,不要什么事情你都说危险。"

妈妈说道:"再怎么样,你都是我的孩子,滑雪很危险,你不能去,反正我不同意。"

郭玉祥觉得这样和母亲争论下去没有什么结果,就郁闷地回了自己的房间。

生活中,很多父母特别关心子女的一切,这个不要动,那个不要去,生怕孩子有个闪失。但是,若处处顾虑到孩子的"安全",孩子做什么事情都担心有"危险",就无法培养孩子的独立精神,这样,遇到事情,孩子就无法独自处理,久而久之,面对真正的困难时,他们往往会知难而退。

父母关爱孩子过头,根源在认识上。有的父母认为现在生活条件好了,又是独生子女,给予孩子特殊的关心和照顾理所应当;有的父母小时候吃了不少苦头,不想自己的孩子像自己那样受苦,所以非常照顾孩子,希望他能有一个幸福的童年;还有的父母认为,悉心照顾孩子的学习和生活,有助于孩子健康成长。其实,孩子想要健康成长,最为重要的是要学会生活、学会生存。父母照顾孩子过了头,孩子过着衣来伸手、饭来张口的生活,怎么能学会生活和生存?将来又怎么能独立自主地工作和生活?依赖父母成了习惯,当父母不能依赖时,他该怎么办?

生活中,每个人都会遇到磕磕碰碰的事情,可以说,事故是不可避免的。孩子们需要学会忍受在生活中碰到的伤痛,增长自己的意志力。头上碰撞出的淤青可以渐渐退去,但受了伤的勇气却很难恢复,也许一辈子都会受到影响。因此,作为父母,应当松开对孩子的束缚,让孩子有更多的机会去体验、去闯荡,以增加他们对自己的自信心。

过分保护、看管教育出来的孩子,是不合格的。

时代在向前发展,激烈的竞争告诉我们,不肯冒一点风险,就没有一丝机会。理智地冒险意味着机遇，所以，父母要鼓励孩子去冒险，而不要告诫他们什么都是"危险"的。胆量与勇气无疑是这个时代重要的品质，许多成功人士都是依靠勇气在事业上胜人一筹，取得成功的。

父母一定要正确理解孩子的顽皮、不听话、"冒险"，要向孩子灌输"冒险意味着机遇"的生存理念，鼓励孩子冒适当的风险。因为，人只有通过冒险才能不断超越自己，在冒险的过程中取得经验，增长勇气，实现自己的理想。当然，对于一些很不正当、真正危险的行为，父母要及时予以制止。

彭一玲是个活泼好动的小女孩，她最近非常热衷做"家务"。每当妈妈干家务时，她总要上来"帮忙"。当妈妈拖地时，彭一玲会过来帮妈妈一齐拉拖把，这时妈妈总说："你还小，别把身上弄脏了。"当妈妈叠被子时，彭一玲会过来拉被角，这时妈妈又会说："你还小，别把被子弄乱了。"当妈妈洗碗时，彭一玲也会过来帮忙，这时妈妈说："你还小，会把这些东西摔坏的。"久而久之，彭一玲便对"家务"失去了兴趣。

许多孩子的懒惰都是由父母自小的娇惯、溺爱造成的，特别是独生子女的父母，总害怕孩子磕了碰了，因此当孩子想帮助大人做事时，不是遭到拒绝就是训斥。长此以往，孩子便不会再去尝试。孩子的积极性受到打击后，会真的认为自己什么也不能做，自信一点点被消磨掉，天长日久，便再也不会主动做什么，懒惰随之而来。

成功的父母从来不会这样做。他们知道，想让孩子独立，就必须从小培养孩子的自立能力,因而,他们总是用鼓励和表扬的方法去培养孩子做事的自信心,而且知道要在什么时候、什么情况下鼓励和表扬孩子,才能从根本上扶植孩子的自信,使他们明白自己应该做什么、怎样做。

失败的父母在教育孩子时最容易犯的错误,就是事先假定孩子什么也不会做,什么也做不好,所以,他们总是阻止孩子自己去做事,恨不得事事都要替他们做好。殊不知,这么做只会使孩子渐渐对自己失去信心,失去努力探索的精神,失去去追求、去锻炼的自觉性。

教育专家指出:家教言论中,一个很重要而且被经常提及的是对孩子勇气的培养。担心孩子受到意外伤害,是每一个做父母的经常虑及的事。如果仅仅是担心孩子的安危,过分地强调危险性,就必然会牺牲孩子接受锻炼的机会。这样,孩子得不到锻炼,勇气也就无从培养。

所以,父母应该鼓励孩子主动地去做事情,既不能打击孩子,也不能过分地表扬孩子,因为过分的表扬容易使孩子产生骄傲的情绪,这对孩子的成长很不利。

总之,适当地对孩子进行鼓励和表扬,让孩子得到一种自我满足,增强他们的自尊心和成就感,达到不断增强孩子自信心的目的就行了。

5.禁止给孩子贴上"笨"的标签

妈妈说:"你笨死了!"爸爸说:"你简直笨得无可救药!"久而久之,孩子就有可能真的认为:"嗯,是的。也许我真的就很笨。"

父母的话在孩子听来是很权威的,有时候,他会对这些话深信不疑。若是父母一直向他灌输一个"他很笨"的观念,那么无论他原来有多聪明,到头来,他的聪明才智都有可能直接被抹杀掉。

一位母亲带着9岁的女儿来到一家儿童心理咨询机构,母亲对咨询师说:"这孩子总是不认真学习,又贪玩,成绩又差,笨得要死。你给她测测智商看是多少,我也好心里有个数。"说着,母亲便把身后的女儿推了过去。

咨询师测完后亲切地问:"告诉叔叔,为什么你不用心学习呢?"小女孩愣了一会儿才说:"我笨呗。"咨询师惊讶地问:"你怎么知道你笨呢?"小女孩非常小声地说:"妈妈总说我笨,还总当着别人的面说。"咨询师一下子就明白了原因。

等得焦急的母亲忍不住问道:"我的孩子到底有多笨啊?"咨询师却摇了摇头说:"您女儿的智商是130,若是再高点儿就成天才了。您总给她戴'低能儿'的帽子,她自然就觉得自己笨了。"这位母亲听后,惊讶地张大了嘴巴,久久没有说话……

不知道有多少孩子像故事里的小女孩那样，被父母制作的"笨"标签、"低能"帽子压得喘不过气来。

父母期望孩子能有出息、出人头地，这是人之常情，可以理解。但孩子的成长发展不尽相同，不是所有的孩子都是神童，父母不能用又高又统一的标准来要求孩子。更何况，孩子对自我的认知与判断，有一部分来自于父母的态度，而且这一部分在孩子的心中占有很大的分量。若父母只因为孩子接受能力差一些，或者理解速度比别人慢一些，就直接一口断定孩子"笨"，那随着时间的推移，他可能就会真的"笨"下去。

一个孩子上小学的时候数学差得出奇，一次考试得了29分，再一次考试是40分。面对这样差的成绩，爸爸却没有骂他，反而说："你与上一次考试相比进步了11分啊！这是个了不起的飞跃，可见你还是很聪明的。只要你努力，一定没问题！"后来在爸爸的鼓励下，这个孩子渐渐地对数学产生了兴趣，成绩也越来越好。

许多人都知道这副对联："说你行，你就行，不行也行；说不行，就不行，行也不行。"说的就是这个简单的道理。不给孩子贴"笨"标签，多给予他希望，有助于孩子积极发挥自己的才能，还有可能激发出他的潜能。这样的做法，才是正确的教子方法。

如何才能避免给孩子贴上"笨"的标签呢？父母可以参考以下建议。

(1)了解孩子的实力在哪里

板凳宽,扁担长,各有优点。所以,孩子在哪些方面有优势,孩子的实力到底有多少,这些都需要父母通过认真观察来全面掌握。另外,孩子自己也要了解自己的真实水平。

无论一个人的学习能力是强还是弱,只要能在自己的基础水平上有所进步,就是好样的,就值得表扬。而且,清楚自己的实力并能努力求取进步的人,我们也称他为"有自知之明"、"有进取心"。若是父母能用这样的态度去对待孩子,何愁他不会努力学习呢?

(2)帮助孩子建立一个正确的自我形象

要帮助孩子建立正确的自我形象,父母首先要尊重孩子,还要多看到孩子的优点,多给他一些正面的评价。同时,父母也不要忽略或否定孩子的消极情绪,否则就会影响他的自我判断。

当然,最重要的是父母要挖掘出孩子的特质,看到他学习上的优点,并鼓励他继续发扬优点。不要帮助孩子下结论,否则,孩子将无法正确认识自己。只有建立起一个正确的自我形象,孩子才能有信心去继续努力,才有可能在学习上取得更大的成绩。

1968年的一天,美国心理学家罗森塔尔和福德一起来到一所小学,他们从一至六年级每个年级中选出了3个班,进行了一次"发展测验"。然后,他们将一份名单交给了老师,并用赞美的口吻说:"这些学生将有可能有良好的发展。"

8个月后,两位心理学家再一次来到这所学校进行复试。结果,名单上学生的成绩都有了显著的进步,而且他们的性格都非常开朗,有很强的求知欲望,敢于发表自己的不同见解,和老师的关系也非常融洽。

其实,心理学家提供给老师的名单只是随机抽取的,但面对这份名单的老师却对这些学生有了积极的期待。学生受到老师的影响,变得更加自信,更加努力学习,结果就有了飞速的进步。

这就是心理学上著名的"罗森塔尔效应",也叫"皮格马利翁效应"。这个效应告诉我们:对一个人传递积极的期望,能使他进步得更快,发展得更好。反之,向一个人传递消极的期望,则会使人自暴自弃,放弃努力。

所以,父母要以一个积极的态度去期望孩子,给予孩子最起码的信任,相信他可以尽自己的努力去学习,并能学有所成。如此,孩子在父母的积极期望下,就非常有可能如那名单上的学生那样,获得长足的进步。

台湾著名女作家罗兰上小学六年级的时候,算术不好,有些知识点老师无论怎么跟她讲,她都听不懂。老师甚至还单独给她开小灶,但她依然没什么长进,她觉得自己当时真的是一个笨学生。

当她惴惴不安地将48分的算术成绩单拿给父亲看的时候,父亲却说:"你的理解力不行,但记忆力很好,现在不要忙,等你长大一点,理解力会慢慢增强的。"

后来,父亲的话果然没错。等罗兰到了高中,她的几何、代数都学得非常优秀。

欣赏孩子的优点,就等同于认可他、信任他,这会让孩子有被尊重的感觉。当然,"欣赏"也要有个限度,不能随便夸大孩子的某些优点,应该坚持"实事求是"的基本原则。

6.滥施表扬,当心"捧杀"孩子

为了说明这个观点,先让我们读一则访问学者在异国遇到的真实故事。

一天,学者到当地一个教授家做客,一进门便看到了一个天真聪慧的小女孩。当她得知这个女孩是教授的女儿时,便夸奖了一句:"好漂亮的孩子,真是天生丽质啊。"说着,便用手抚摸了一下女孩儿漂亮的黄色卷发。

教授听了之后,说:"请向我的女儿道歉。"学者感到很纳闷!

教授说:"你是因为她的漂亮才夸奖她,而漂亮并不是她的功劳。一个只有5岁的孩子还没有明辨是非的判断力,你夸奖了她,她就会认为这是她的本领。一旦认为天生的美丽是值得骄傲的资本,她就会看不起长相平平的孩子。而且,你未经她的允许就抚摸了她的头,这会让她认为一个陌生人可以不经她的同意就随意地抚摸她的身体……"

听到这里,学者恍然大悟。

教授接着说:"有一点你是可以夸奖她的,就是她的微笑和有礼貌,这是她自己努力的结果。"

这个故事告诉我们:夸奖孩子的时候要掌握好分寸,否则会产生负面的影响。

不可否认,孩子需要表扬,但是,过多、空泛而不准确的表扬可能会给孩子带来各种负面的影响。

现在,很多父母都认为"好孩子是夸出来的",倾向于对孩子采取表扬式、鼓励式的教育方式,经常在口头上对孩子作出正面、肯定和积极的评价,并认为这样可以增加孩子的自信,引导孩子的行为,使孩子得以在家长的鼓励下不断进步、成长。出于这种考虑,只要一有机会,有的父母就会赞扬孩子。即使是很平常的一件小事,他们也会忙不迭地夸奖孩子几句。

不管家长是对孩子赞许、表扬、鼓励,其实质都是在"捧"孩子。孩子有时候确实需要捧,因为父母对孩子的积极评价可以使孩子获得成功的体验,增强孩子的荣誉感,而成功体验和荣誉感在孩子的成长过程中是必不可少的养料。但是,父母捧孩子捧得过多、过频,就会变成"捧杀"。

从长远来看,父母经常对孩子采取表扬式、鼓励式的教育方式,效果是非常有限的。一味地对孩子进行赞美,通常只能获得负面的效果。

父母经常赞美孩子,孩子就会长期生活在一种较为顺利、较少挫折的环境中。经常接受来自家长的正向激励会使孩子的性格单质化,形成一种"玻璃心态",一碰就可能受伤,甚至破碎。

鼓励的语言说多了,其正向的激励作用也会趋于弱化。不管是什么话,说多了就不值钱了。家长第一天对孩子说"你真棒",即使是不经意间说出的,孩子也会心生感动;第二天再说,孩子仍然会感动,但感动的强度和持续的时间都会变短;第三天接着说,其激励作用就会明显减弱。家长持续地说"你真棒",语言的激励作用就会不断趋于弱化,以至最后归于无。

表扬孩子过多,还会助长孩子的"娇、骄"情绪,使孩子越来越娇气和骄气。孩子由于经常受到父母的表扬、赞许,无形中就使他(她)有了向爸爸妈妈"讨价还价"的资本,有了资本,孩子就会向父母"叫板"、撒娇,提出过高甚至非分的要求。

作为未成年人,大多数孩子是很难对自己做出准确的自我评价和自我控制的,赏识的语言听得多了,就可能晕头转向,过多地关注自己的优点,过高地估计自己,以至于行事为人总不免带有几分傲气。

为了鼓励孩子,家长采用赞赏、表扬的方法本无可厚非,但值得注意的是,表扬和赞赏不宜过度、过量。

(1)不要滥施表扬

父母表扬多了,孩子就会对表扬之词产生依赖,如此,向父母邀功就会成为他们做事的根本目的。如果父母有一次没有像往常那样赞扬他们,他们就会因此而失落。

为了让表扬变得更加可贵,父母应该适当地控制一下自己表扬的冲动,不要滥施表扬。如何才能做到这一点呢?

杨女士对女儿实施的是赏识教育,只要女儿有进步,杨女士都会进行表扬。即使是微不足道的小进步,杨女士也会乐此不疲地夸赞女儿。

女儿很享受这种表扬,每天就像只小喜鹊一样,不时地对妈妈说"妈妈,我已经做了这个","妈妈,我又做了那个",然后期待得到妈妈的夸奖。

当孩子第一次独立走路、第一次完整地背出一首唐诗的时候,的确会让全家人欢喜一番。但是,如果孩子所做的是他们每天都要做的事情,比如吃饭前会主动收拾碗筷,睡觉前会向妈妈道晚安等,就不必兴师动众地夸奖或表扬他了。

(2)不要低估了孩子的能力

父母要了解孩子的兴趣和现有能力,根据同龄孩子的平均水平对孩子进行相应的评价。需要记住的是,表扬要随着孩子的能力一起成长,不能低估了孩子的能力。

星期天,妈妈对文文说:"我们一起玩串珠子游戏,好吗?"

文文高兴极了:"好!好!"因为这是她最拿手的。果然,文文很快就串好了手中的珠子。

"真棒呀,能那么快串好!"妈妈表扬说。可是,妈妈的表扬却让文文流露出了失落的表情。

也许是妈妈低估了孩子的能力,所以表扬没有让孩子感到快乐。对孩子早就学会的串珠子,妈妈还显得很惊讶地"夸奖"她,孩子听后能不失望吗?

(3)不要让自己的表扬给孩子带来压力

具体、恰如其分的表扬会使孩子感到受肯定,激发孩子再做进一步的努力。反之,不恰当的表扬则会给孩子带来很大的压力。

小区里,董女士带着儿子悠悠出来遛弯,途中遇到了老熟人张大姐。张大姐问:"悠悠吃饭怎么样,挑食吗?我家闺女这段时间总是挑食。"

董女士当着张大姐的面表扬悠悠说:"我们家悠悠吃饭不但不挑食,吃得还很快。"

站在一旁的悠悠感到压力重重,因为他在幼儿园吃饭时总是落在别的小朋友后面。悠悠挣脱妈妈的手,一个人走开了。

董女士的表扬不仅不准确,还很夸张。这种言过其实的夸奖对孩子来说是一种无形的压力。而且,妈妈当着别人的面过分地表扬他,让他感到很反感,因为他已听出妈妈说的不是实话。

(4)不要使用半夸奖半玩笑的方式表扬孩子

能够独立完成一件事情,本身就是值得肯定的,那些无伤大雅的细节可以忽略掉。面对年幼的孩子,我们大可不必太过纠缠于他们的失误。

早晨,妈妈看到3岁的宁宁自己穿上了衣服,便说:"谁说我们宁宁不会自己穿衣服?你看穿得多好啊!就是裤子前后穿反了,哈哈,拉链都跑到屁股上去了……"

宁宁听了之后，一下哭了起来。

显然，宁宁的妈妈表扬孩子的措辞有些问题，一句善意的玩笑反而挫伤了孩子的自尊。面对幼小的孩子，最好给他明确的语言，让他知道到底哪些是值得表扬的，千万不要采取这种模棱两可的半夸奖半玩笑的方式来表扬孩子。

(5) 表扬不要太空泛

不管苗苗做任何事情，都会得到妈妈的表扬："真棒！"现在，她对妈妈这句口头禅已经无动于衷。

赞赏要具体，泛泛的赞赏，比如"你真聪明"、"你真棒"之类的语言，虽然能够一时提高孩子的自信心，但孩子却不明白自己究竟好在哪里，为什么受赞赏。这容易让孩子养成骄傲、听不得半点批评的坏习惯。

赞赏的内容越具体，孩子越容易明白哪些行为是好的，哪些行为是值得表扬的，越容易找到努力的方向。例如，孩子看完书后，把书放回了原处，摆放整齐。如果这时父母只是说："你今天表现得不错。"赞赏的效果就会大打折扣，因为孩子不明白"不错"指的是什么。你不妨说："你自己把书收拾得这么整齐，我真高兴！"这样，孩子就会更清晰地找到努力的方向，从而养成好的习惯。

7.以身作则,为孩子树立人生榜样

父母是孩子最重要的人生楷模,会对孩子的成长起到最直接的影响。正所谓"近朱者赤,近墨者黑",以身作则的父母能让孩子得到成长的力量,而言行不一的家长只会使孩子沾染上不良习气。

周末,妈妈带卢欣萍去游乐园玩,上公共汽车后发现,卢欣萍的身高已经超过了儿童购票线,卢欣萍对妈妈说:"妈妈,该买票了。"妈妈有点不耐烦:"等会儿。"十几分钟后,卢欣萍又一次催促妈妈:"您买票吧,就要到站了。"妈妈说:"人多挤……算了。"卢欣萍说:"给我钱,我去买。"妈妈把食指伸到嘴边,做了一个闭嘴的动作:"嘘,别嚷嚷!"

乘公共汽车要买票,这是一个人人皆知的道理,也是全体社会成员都应遵守的行为规范。作为孩子的第一任教师,父母应承担起对子女进行品德教育的责任。买票不是一件大事,但从这里可以看出一个人的品行和修养。

俗话说"孩子身上有家长的影子",这话是很有道理的,因为家长的一切言论、行动、生活方式,甚至接人待物,都是孩子学习的榜样。一些家长认为,把孩子送进学校后就万事大吉了,这种想法是不对的,因为学校教育并不是孩子受教育的全部，它代替不了社会教育和家庭教育。父母与子女有血缘关系，感情最深，又有一个和孩子朝夕相处的客观环境，所以应该掌握教育孩子的主动权，培养孩子在品德、智能、健康、审美、劳动等方面向积极方向发展。如果不利用这些条件，不注意家长言传身教的作用，不端正和约束自己的不良言行，则会阻碍孩子身心的健康发展。

孩子具有很强的模仿能力，特别是对他所敬爱的人，更有一种天然的模仿力。如果家长在思想上没有主动教育孩子的意识，必然会放松对自己的要求。上述案例中，我们不能说这种"不买票"的对话不是一种教育，只是它从内容上已发生了质的变化，不是教孩子遵守社会行为规范，而是走到了错误的一端，家长被动地"教育"孩子，这种"教育"只能给孩子的发展带来副作用。

某小学二年级曾做过一次"你乘车每次都买票吗"的调查，结果有将近50%的人回答"不是每次都买"，其中又有一半的人在和父母一起乘车时有意逃票。这说明，有相当一部分家长不重视对孩子的品德教育。处理这种情况的最好办法是家长日常的言传身教与社会行为规范统一起来，主动地引导孩子向良好的方面发展，帮助教师完成思想品德教育的任务，使家庭德育与学校德育同步、协调。

乘车买票不是一件大事，但从教育孩子的角度来说，它并不"小"。父母在日常生活里的点滴小事中如不注意，便会改变或扭曲孩子已形成的道德价值观念，长久下去，容易让孩子养成贪小便宜、不遵守社会行为规范的坏习气。因此，作为家长，要认识到每一件小事中蕴含的教育意义，主动地给孩子做榜样。

上小学五年级的吴浩比较贪玩，想让爸爸妈妈为他买辆山地车。爸爸许诺，如果他的期末考试成绩每门都上80分，就买车。为了他盼望已久的山地车，吴浩学习非常努力，期末考试取得了好成绩。然而，当吴浩让爸爸兑现承诺时，爸爸却说："那是为了鼓励你，随便说说的，山地车等上了中学时再买。"

吴浩爸爸的行为犯了两个错误：一是用物质刺激提高孩子的学习积极性；二是信口开河，言而无信。

小孩子是最讨厌欺骗，最承受不了被欺骗，也最不应被欺骗的。但在日常生活中，不少家长都做过随便对孩子许诺而不兑现的事。可能这些家长只是为了鼓励孩子好好学习，或纯粹只是为了摆脱孩子的纠缠，求个清静，原本就不打算兑现。可孩子出于对家长的信任，并没有忘记家长的许诺。此时，如果家长缺乏教育观念，言而无信，说了不算数，就会失去孩子的信任，降低自己在孩子心中的威信。不仅如此，如果长期生活在一个滥许诺言又不能兑现的家庭中，孩子诚实的品格就会逐渐丧失。

《礼记·曲礼上》说："幼子常视勿诳。""诳"就是骗人的话。这句话的意思是说，幼小的孩子同父母朝夕相处，一言一行、一举一动都是跟父母学的，父母的言行举动要十分谨慎，不可轻易言而无信，哄骗孩子。因此，每当父母要给孩子许诺时，一定要想想：第一，该不该许；第二，能不能实现；第三，有无教育意义。

周末的一天，天气特别好，妈妈带吴丽去植物园参观游览。吴丽对一种奇特的热带花卉很是着迷，又是闻又是看，久久不愿离去。

> 看到女儿这样喜欢,妈妈说:"妈妈给你摘一朵。"

公园里明令禁止攀折花木,为的是能有一个美丽而整洁的环境,成为公众业余时间、节假日休息散步、品味玩赏的佳处胜景。可上述案例中的这位妈妈却为了讨得女儿的欢心,置公共规则于不顾,折枝采花。这会给孩子留下一个什么样的印象呢?

印象一:妈妈不好

女儿从小画册、课本及其他一些地方了解到,随便攀折公共场所的花木是不道德的。孩子的心灵是纯洁的,白就是白,黑就是黑,能做的事可以去做,不能做的事说什么也不能做。出于这个常识,孩子可能会劝阻妈妈,并告诉妈妈自己只是觉得那花好看,并没有要那花的意思。这样的孩子是好孩子,在这样的孩子面前,做妈妈的难道不为自己刚才的话脸红吗?

印象之二:妈妈好

孩子说那花真好看,说不定心中就是想得到那花,而又不好意思明说出来。妈妈主动提出给自己采来,岂不正合了自己的心意?然而,就在孩子从妈妈手中接过那鲜艳欲滴、娇态百妍的花朵,说一声"妈妈真好"时,孩子心中公与私、好与坏、当与不当的界线已经模糊了。

孩子的私欲在妈妈不正确的行为面前急速地膨胀起来,一个简单的逻辑在孩子头脑中闪现:凡是我喜爱的,妈妈都会满足我。至于可能与否、道德与否全然不顾。"小皇帝"的性格就是这样慢慢养成的,父母和他人都成了孩子的"仆臣"。

印象之三:自己可以不受任何道德规则的约束

公园里不是不让采花吗?妈妈进去采了,给我戴在头上,别在胸前,添几许美丽,多几分欣喜,大摇大摆,不也没有人管吗?既然如此,那我下次在别的地方看到诸如"禁止攀折花木"一类的牌子,就可以当没看见。只要自己想干什么,就不存在什么规则。

不论是哪一种印象,妈妈的这种行为对孩子的影响都是弊大于利的。

就上述例子中的情境来说,妈妈可以和孩子一起欣赏孩子喜爱的花,从颜色到形状,从香味到姿态,并弄清楚这花的品名、属科、习性、产地乃至价值,以加深孩子对它的印象,增加孩子这方面的知识。如果孩子自己提出要妈妈折花,或自己跑过去折花,必须予以拒绝和阻止,并抓住这一机会对孩子进行爱护花草、遵守公共规则、讲究文明道德的教育。要想培养出身心健康的孩子,父母不可不随时检点自己的言行。

第六章 抓住时机,摸准孩子心理说准话

1.准确把握孩子的气质

美国纽约大学的儿童发育专家对儿童气质进行了长期研究后,把儿童气质归纳为9个维度。父母要准确把握孩子的气质特征,可从了解这9个维度入手。

维度一:活动水平

指孩子在日常生活中的活动量。活动量大的孩子显得比较有朝气,有探索性,但有时会因好动而影响既定任务的完成,或在活动中干扰他人。活动量少的孩子安静,做事较细心、有耐性,但办事速度较慢、效率低。

维度二:节律性

指饮食、大便、睡眠等生物功能的节律性。节律性强的孩子,各项生物功能都比较"准时",容易抚养,但显得刻板,若生活环境有所变化,易出现适应困难。节律性弱的孩子,吃饭、睡觉等时间不规律,日常抚养中可能会给家长带来麻烦,但不易产生适应困难。

维度三:趋避性

指孩子面对新事物或陌生人最初的反应是接近,还是退缩。易接近的孩子,愿意接受新事物,见人"自来熟",但也会因此容易受不良事物或人的负面影响。退缩的孩子对新事物易回避,怕生,但受不良影响的可能性也相应较小。

维度四:适应性

指孩子是否容易适应新环境(包括人、场景和食物等)。适应性强的孩子能很快适应新环境或是新添加的食物,这种情况多数是值得鼓励的。适应性弱的孩子在适应新环境的过程中易出现问题,如换个地方不能睡觉,见到陌生人就显得焦虑不安等,但度过了适应期也能做得很好。

维度五:反应强度

指情绪反应的强度。反应强度大的孩子经常大哭或大笑,易吸引家长和老师的注意,得到更多的关注,但也会因为大声哭闹而令人烦恼。反应强度弱的孩子比较安静,不善表达自己的需要和感受,在抚养时比较省心,但由于不能充分表达自我而易被忽视,得不到应有的关注。

维度六:情绪本质

指孩子平日主要的情绪表现是积极(愉快、友好)还是消极

(不愉快、不友好)。情绪积极的孩子讨人喜欢,这种情况多数是值得鼓励的,但有时也会因为过于乐观而出现麻烦。情绪消极的孩子会让人感到不快,令大人担忧,但实际上,他们的内心同样渴望快乐和友好。

维度七:坚持性

指做事情的坚持程度。坚持性高的孩子,有固执、任性的一面,也有遇到困难锲而不舍的一面,能较好地完成任务。坚持性低的孩子,遇到挫折容易放弃,也容易听从家长的劝告,放弃不应坚持的事情。

维度八:注意分散度

指做某件事情时周围环境对孩子注意力的分散程度。注意力易分散的孩子能较快注意到周围事情,在婴儿期显得容易安抚,但进入学龄期后会影响学习成绩。注意力集中的孩子做事效率高,但过于专注一件事容易忽视周围的人和事物,在婴幼儿期显得难哄。

维度九:反应阈

指孩子是否敏感,可以表现为对声、光、温度、气味等生理感知的敏感性,也可以表现为对他人态度的变化等心理感知的敏感性。反应阈低的孩子较为敏感,这些孩子的音乐感和色彩感很强,善于察觉,能发现细微的变化,但容易出现如睡眠障碍、胆小等问题。反应阈高的孩子较不敏感,不怕痛,不在乎噪音,胆子大,但也可能因此忽略很多变化或遗漏有用的信息,如危险信号等。

以上9个维度纵横交错,构成了每个孩子独特的气质特点。真正细致的因材施教,应该根据孩子气质的各个维度的特点,采取适当的教养方式和说话方式。

活动水平：对于活动水平高的孩子，家长可以经常安排运动量较大的活动，多给他与外界接触的机会，但也应要求他在特定的时刻保持暂时的安静。对于活动水平低的孩子，家长要赋予更多的耐心，不要因为他行动缓慢而加以指责，更不要代替他做事情，要适量地增加他的运动量，多带他到户外活动。

节律性：对于节律性强的孩子，不必刻板地按照他的规律安排生活，可以偶尔打破规律，使他能适应生活的变化，例如经常带孩子外出，适当改变他吃饭和睡觉的时间、地点。对于节律性弱的孩子，从婴儿期起就要开始给他建立适当的生活规律，如在该吃饭的时候准时吃饭，该睡觉的时候必须睡觉，前后相差不应多于半小时。

趋避性：对于易接近的孩子，要尽早教导他明辨是非，加强安全意识教育。对于退缩的孩子，不要强迫他接受陌生人或新事物，要耐心引导，例如提前告诉孩子即将面临的事情，这些事情会带来什么好处。多为孩子创造接触新事物和陌生人的机会，鼓励孩子接近新事物，例如，有新食物可鼓励他先尝一点。

适应性：对于适应性弱的孩子，要经常带他到没有去过的地方，让孩子适应新的场景；添加一种新的食物，要由少量开始，反复多次尝试，直到孩子完全适应。

反应强度：对于反应强烈的孩子，在他吵闹的时候，家长不要急于表态，他强烈的情绪反应也许只是因为一件小事或干脆就是无理取闹，弄清楚原因后，耐心等待孩子情绪爆发过去，同时暗中留意孩子的安全以免发生意外，等他安静后再以平静的语气表明态度，讲清道理。反应强度弱的孩子强烈的渴望和兴趣的表现可能是微弱的，家长要鼓励这类孩子以恰当的方法表达自己的感受和要求，少用否定的语言拒绝孩子，多用肯定的语言鼓励孩子。

情绪本质：积极愉快的情绪往往是值得鼓励的，但是，对于情绪积极的孩子，要指导他做出适当的评价，避免对危险或不良的事物也做出过于"积极"的判断。对于情绪消极的孩子，要避免指责，了解他表达情感的方式（例如以什么样的方式表达同意或真正的不高兴），采取适当的方式鼓励孩子的积极情绪，例如孩子高兴时要尽量延长这种态度，亲子间的逗笑是最有效的方式。大人也要在孩子面前多表现出积极的情绪和乐观的态度。

坚持性：对于坚持性高的孩子，家长一定要把握原则，如果所坚持的事情是不合理的，一定要说服他放弃。对于坚持性低的孩子，应该完成的任务，家长一定要坚持让他按既定要求完成，在完成过程中可以暂时休息，但休息后一定要继续进行直至完成，并可逐渐提高要求，同时给予鼓励。

注意分散度：对于注意力易分散的孩子，应加强他对注意内容的兴趣，内容的难度不要过高，多给孩子进行短时间的注意力训练，逐渐提高集中注意力的时间。对于注意力集中的孩子，要多提醒他不要在做一件事情时忽略了其他事情，如果孩子在看书或是游戏时不理妈妈的叫唤，不要急着指责孩子，因为孩子可能真的把注意力都集中到了书或游戏上。

反应阈：对于敏感的孩子，要避免突然的刺激（如大声、强光），在感觉上，家长不要太主观，应以孩子的感受为标准，并逐渐训练孩子对感觉的耐受性。如果孩子的音乐感和色彩感较强，应该多给他听节奏优美的音乐,多看绘画作品。对于不敏感的孩子,家长应经常弥补孩子的遗漏之处,如抓住时机给他讲安全知识和社会规范等。

2.对症下药:了解孩子的气质再说话

一些不了解孩子气质的家长,常常以自己的喜好来塑造孩子,说话时一厢情愿,强迫命令,最后导致孩子伤心逆反,家长烦恼"上火"。家长若能及早了解孩子的气质特点,就能够巧施话术,积极地引导其解决在学习、生活上遇到的问题,逐渐发展出一种最适合孩子气质特点的教育方式,避免因为孩子气质和父母的期望、教育方式间的不协调而产生各种冲突。

对爱生气的孩子——"情绪转移"法

性情暴躁的孩子易激怒、好发火,容易形成莽撞、冒失等不良品质。孩子暴躁易怒,既伤害他人,又伤害自己。

首先,父母要相信孩子的暴躁脾气是可以改善的。

你和孩子都要相信脾气是能改好的。也许你觉得孩子天生脾气暴躁,但天生的东西并非改变不了。古人说的是本性"难移",但不是"不能移"。孔子有个叫子路的学生,原来也是火爆脾气,后来却成为了一个谦谦君子。如果你能设法使孩子一次又一次地避免发脾气,他以后发脾气的概率就会减少。

其次，引导孩子学会克制。

民族英雄林则徐为了克制自己的急躁情绪，在书房里挂了一条横幅，写了两个遒劲的大字："制怒"。你不一定要给孩子挂匾，但可以给他写座右铭或请旁人提醒，在怒火将燃起时就扑灭它；你也可以告诉孩子在快发火时默念十几遍"镇静"，不镇静下来就不开口说话；还可以让孩子想象自己正在冰凉的湖水中游泳，这叫"以水克火"。

再次，建议孩子学会从生气中转移。

如果什么人或什么事让你的孩子大发脾气，那你可以建议他离开这个人和这个地方。"眼不见，心不烦"，离开以后，怒火没有了燃料，自然就会慢慢消失。干点别的事，做些体力活动，找别人聊聊天，痛痛快快地玩游戏等，这些都是从生气中转移的好办法。其实，就算孩子人不离开，思想也可以转移开。例如，在学校和别人争论得不痛快了，孩子虽然不能离开学校回家，但可以把话题扯开，不再谈这件事。

最后，引导孩子学会宽容谅解。

这是最彻底的改善孩子暴躁脾气的办法。孩子看事情往往只从自己的角度出发，因此需要一种练习，就是猜猜对方怎么想。父母可以这样劝导孩子：与人争论时，你可能会生气地想，为什么对方这么固执，不承认你的道理，但如果你能换个角度想想，对方当时不也同样觉得你特别固执吗？对方不也同样觉得他自己很有道理吗？如果你发现某个人和你说话时态度不太好，你要想到或许他今天正巧有不顺心的事情，何必和他计较，反惹得自己不痛快。也许别人在某件小事上损害了你的利益，你也可以想想，这件事真的那么重要吗？也许在事后看来，它根本算不了什么。就好比小时候觉得非常珍贵的糖纸，长大了你可能觉得它一文不值。如果你把许多东西都看成糖纸，你就会发现为此生气真是不值得。

要特别提醒的是：在孩子发脾气的时候，父母千万要保持冷静。发火的父母会使孩子更加暴躁。记住，你面对的只是一个孩子——你自己的孩子，而不是要来抓你的"大妖怪"。你可以发泄怒气，但不要针对自己的孩子，毕竟孩子的自我控制能力较差。和蔼温柔地跟发脾气的孩子说话，对他安静下来大有好处。如果孩子在叫嚷，父母要注意简化自己的用语，平静地和孩子说话。你可以忽然提出一件新鲜事，要孩子和你一块儿去干，这样可以使他忘记发脾气的事。你也可以在孩子耳边轻声说些有趣的事，孩子很可能会为了听故事而停止哭闹。不要在孩子发脾气的时候和他理论，他一定听不进去，等事情过去了再和他谈谈，效果会很好。

对活泼型孩子——多赞扬

活泼型孩子幽默而喋喋不休，能言善辩且异常活跃，他们积极与人交往，朋友很多。这些孩子充满了奇思妙想，但难以集中注意力，所以常常是想了不做或半途而废。

活泼型孩子往往很冲动，做事凭感觉，做了再考虑。他们诚心诚意地信任别人、爱别人，但往往得不到同样的回报。而他们对爱、认可和被接纳看得极其重要，因此易屈从于同伴的压力。当朋友背叛他们时，他们会将爱转化为极度的愤怒。因他们善于情绪化，所以较易从失望中挣脱出来，能从坏事情中发现好的一面。他们爱听好话，喜欢用动作表达内心的情感，所以常见他们拥抱或亲昵地拍打别人。

家长对活泼型孩子说话，要多一些鼓励和赞扬，少一些批评，多提出一些具体的要求和规范。

多给活泼型孩子一些空间与时间，让他充分展示自己的才华，家长要积极参与其中，并给予语言的赞美（要描述性的语言）或肢体的示爱，从而培养其自信心。

家长应该支持活泼型孩子结交朋友，但要注意他交什么样的朋友。当活泼型孩子有积极的行为和想法时，要及时帮他写下来，督促他把语言变为行动，这才有利于他的发展。督促中不可用强制或批评方法，而要用激励和引导，因为活泼型孩子对批评特别敏感，你越批评，他越容易失去信心和乐趣，而鼓励和赞扬却能唤起他的潜能。你要及时而不吝惜地给活泼型孩子以奖励和肯定，因为他的动力来自于激情与乐趣。

父母有责任培养活泼型孩子的自律性，尤其在使用金钱方面，同时要让他了解责任心、细心、坚强个性的重要性，只有这样，你的孩子才不会变成一事无成的人。

注意：活泼型孩子需要乐趣与被接纳和认可，你的所有教子方法都要适从他的心理需求，这样才会更有效。但千万不要放任他，要多给他提出一些具体的要求和规范，否则，没有了判断是非的标准，他连违法乱纪都会认为是好玩的事儿。

内向型孩子——尽量别给他钻牛角尖的机会

内向的孩子，其优点是：有强烈的责任心，谦虚谨慎，感情细腻，善解人意，深沉而拘谨。缺点是：过分认真，容易钻牛角尖，过分严肃，缺乏魄力和情趣。

如果你的孩子很内向，在向他说话时应注意以下几点：

(1)不要高声、瞪眼

大声说话很容易让内向的孩子感觉是在挨批评。如果你用高声愤怒的语调对待他,他立刻就会不说话,或者会继续哭自己的,把自己封闭起来,不再理会你。如果是青春期的孩子,当大人用高声愤怒的语调说话时,他会立刻关闭房门,好多天不跟父母说话,而且以后有类似问题出现时,他也不会给父母探讨的机会。他会默默坚持自己的主张,除非你能立刻说到他的心坎上,他才能打开心扉,否则,他可以长久缄默无语。

(2)表扬突出细节

对外向的孩子,家长可以当着众人的面去描述其长处,因为这类孩子本就觉得自己是最棒的,他们很享受大家的关注。而对内向的孩子的表扬应该是温和的,不要大张旗鼓,因为他很害羞,脸皮很薄。还有很重要的一点,如果能够抓住某一细节表扬,内向的孩子会很高兴,因为他很关注细节,所以特别希望你能看到其漂亮的细节。

(3)不要提过高的要求

内向的孩子追求完美,过于注重细节,对自己要求很高、很严格。这样的孩子本来就活得很累,若父母再对他提出高要求,则会加重他们的累,累过头了,就会形成焦虑。对于内向孩子的敏感、细腻,父母应当粗线条地对待,使之大气点,让他多看看周围的人,多看看外面的世界,尽量别给他钻牛角尖的机会,以免他们会更加敏感、较真。

(4)不要追问过多的问题

对一个内向的孩子提出很多问题,会使他更加紧张而语无伦次。因为他要考虑过每一个问题考虑之后,才会开口回答。试着跟孩子聊聊你一天的生活,如果你也常常卡壳,那他就会比较自信,并且乐意与你交流。

(5)不要催促内向的孩子做决定

内向的孩子是被动型的,他的节奏会稍慢一点,所以,他要做决定,一定是想清楚了、想完整了、想得完美了才会说出来。在帮助他解决问题的过程中,不管你多着急,不管你说了什么,也不管你说了多长时间,如果没有真正说服他,他是不会做出决定,他的"拧劲儿"也表现于此。所以,你最好不要老催他,因为催他是没有用的,他不会配合。

(6)不要打断孩子的话

内向型性格的孩子总是出言谨慎,他在经过深思熟虑之后才会开口表达。因此,作为父母要尊重孩子的语言习惯,不要轻易打断他的话。

固执的孩子——耐心开导

很多父母认为,孩子固执一定是自己在家教方面出了什么问题,但研究发现,固执是天性使然。其实,固执也有其积极的方面,首先,固执的孩子通常比较有主见,他们不会随波逐流,无论身边的人多强大、多成熟,都不能对他们产生威胁;其次,个性固执的孩子往往比较专注,这对于他们以后的学业很有益处,他们会在更短的时间里掌握一门技术工种;再者,这种性格如果能与耐力相配合,做事情成功的几率通常会比较高。

在和固执孩子的相处过程中,家长不应该和孩子较真,不能带着"我要压倒孩子"的控制欲来逼迫孩子,而要学会和孩子谈判,给孩子更多的尊重和自由,从而柔和地实现自己的目的。千万不要试图与他硬碰硬,否则将造成难以收场的局面。

想要成功开导固执的孩子,需要注意以下几点。

(1)多听听孩子的意见

倾听是一种非常有效的沟通手段。对于固执己见的孩子来说,在那些与他有关的事情上,多听他的意见,是一种让父母、孩子都感到轻松的方法。父母需要掌握一个原则,只要是不危及安全、不伤害他人、不妨碍孩子自尊的事情,就让孩子自己去选择。譬如,他想与小伙伴一起玩足球,就不要要求他与父母一起去公园。

(2)教孩子退舍和谦让

对于比较固执、有主见的孩子,不必再强调让他争第一的概念,而应在孩子4岁以前就让他逐渐学会谦让。父母不妨经常告诉孩子,真正聪明的人常常以退为进。如果两个小朋友都想玩那个玩具,并因此发生争抢,最后反而谁都玩不上。不如大家轮流玩,不但可以更早玩,大家还可以商量出更有趣的玩法。

(3)开导不等于迁就

即使有再多的策略和招数,有时依旧觉得对待固执孩子是一场耐力测试,当所有的宽容、理解、尊重或民主都不能奏效时,父母就应行使自己的权力。譬如,到了睡觉的时候孩子仍拒绝上床,可将他抱上床,并且告诉他:"睡觉的时间到了,即使你现在睡不着,也必须在床上呆着。"在为固执的孩子定规矩时,既不要抹平孩子的棱角,也不要过于迁就孩子,更不要在孩子面前感叹他有多倔,这样会让孩子觉得自己很特殊,或者让他自以为有权肆意妄为。

孩子固执的个性多半来自父母的基因,所以在"改造"孩子的同时,父母也别忘了自我修炼,注意自己的言行,不要太固执己见。

劝说转化孩子的嫉妒心

据美国儿童心理学家斯坦贝格研究,人类的嫉妒感可能早在婴儿期就出现了。不足周岁的婴儿看到母亲给其他婴儿哺乳时,会出现心率加快、面色潮红等不安反应,甚至哭闹起来;孩子长到五六岁时,嫉妒会更频繁地升上心头;至于上学以后,由于和小朋友进行多种"比较"的机会骤然增多,他们可能会遭到更多嫉妒的折磨,只不过随着年龄的增长,他们渐渐学会了"掩饰"自己的嫉妒心理。

当孩子显露出其"丑陋"的嫉妒心时,作为家长不要严加批评指责,更不要冷嘲热讽,因为这只能使孩子更多地丧失自尊,身陷嫉妒的苦海中难以自拔。比较合理的应对方法是,佯装漫不经心地与之交谈,了解引起他嫉妒的"背景",语气平和,且面带微笑。

家长不妨安静地倾听孩子的感觉,此刻,孩子最需要的是向亲人倾诉自己的不安、烦躁,希望有人能倾听他的诉说,并理解他、体谅他。待你听完他也许是语无伦次也许是蛮不讲理的诉说后,不必加以评论,相反地,你可以轻松地说:"呀!我还以为有什么大不了的事呢!"要知道,你的轻松和微笑可以有效地使孩子控制住自己的嫉妒心,使其强烈的情绪渐渐隐退。

或许,孩子时不时冒出的嫉妒心很难扑灭,但父母完全可以聪明地巧施话术,引导劝说,将其转化为激励他前进的动力。如,一个一年级的小学生对同桌收集到的玩具汽车眼红得要死,出于嫉妒,他"信口雌黄"地对母亲说,那小子一定偷了别人的汽车,不然不可能有那么多。这时,如果是明智的母亲,便会对他说:"要是你不乱买零食,省下来的钱也可以买许多玩具车啊!"这样,如果孩子很想要玩具车,便会下定决心改掉乱花钱的恶习。等他用省下来的钱买来一辆又一辆玩具汽车时,他便不会再因他人拥有玩具汽车而嫉妒了。

在日常言谈中,父母更要有意表现出对别人的宽容大度。作为家长,一定要注意:切莫在朋友发了一笔横财或同事升官时,出于嫉妒对他们横加指责、冷嘲热讽甚至恶语中伤。要知道,坏榜样的"力量"是无穷的。当着孩子的面,家长要经常由衷地赞美自己的朋友、同事,为朋友、同事取得的成绩而高兴。在潜移默化的影响下,孩子就会学到如何正确对待比自己更有能力、更成功的人,保持宽容、健康的心态。

间接劝导虚荣心强的孩子

孩子的虚荣心大多出于单纯而强烈的不服输的心理,适度的虚荣心可以激发孩子见贤思齐、积极进取,因此,父母要用宽容的心体谅、接纳孩子爱慕虚荣的心理,给孩子的虚荣心留出适当的生存空间。但虚荣心如果过分膨胀,就会有碍孩子的进步,甚至形成嫉妒成性、冷酷无情的性格。

平时,家长应多留心,仔细观察孩子的行为表现,敏锐捕捉孩子的心理动态。孩子由正常的虚荣心到过分爱慕虚荣是一个逐渐发展的过程,其间会有很多明显的信号,如孩子对衣着、文具、玩具等特别挑剔,抱怨父母不能给自己提供优越的物质条件等。当发现孩子有这样的行为时,唯有"随风潜入夜,润物细无声"地引导才是良策,所以不妨试试"迂回战术"。

好的同学父母是什么职业?你最喜欢的同学是谁?同学们喜

不喜欢你？咱们家有哪些让你喜欢的地方？妈妈有哪些优点？这些问题旨在启发孩子认识到：小伙伴不会因为妈妈是做小本生意的就不喜欢自己，大家最看重的还是我自己的表现；虽然妈妈不像医生那样神气，但她很爱我，和妈妈在一起我很开心，我的妈妈同样让人羡慕！

这样迂回地提问并不失时机地表达出家长的想法，有利于孩子心悦诚服地接受家长的劝导。

家长在抱怨和纠正孩子过强的虚荣心之前，首先要检讨一下自己，是不是我的虚荣心太强？是不是我把虚荣心"传染"给了孩子？记住：父母的言行举止是对孩子最有力的间接说教。

旁敲侧击地引导孩子与伙伴们比学习、比品行、比技能，孩子就会慢慢地转移在吃穿花钱等物质上的攀比，有利于孩子艰苦奋斗精神的养成。

3.把握时机，在合适的时间说对话

常言道：机不可失，时不再来。打仗要讲究战机，同样，教诲孩子也要把握有利时机。父母懂得在日常生活中发现、捕捉、选择、利用好教育时机，对孩子进行说服教诲，在合适的时间说对话，能够取得事半功倍的效果。

以下几种是有利的教诲时机，家长应抓住，自觉地加以利用。

(1)孩子生活的转折点

孩子一生中会有很多生活的转折点,如小学升初中、初中毕业、新学科的开设、新学一种业余爱好等。这时,孩子往往会产生一种美好的向上的愿望,他渴望进步,希望能以一种新面貌、新形象开始新的生活。这种进步的愿望往往伴随着"良好的开端是成功的一半"的认识,即使是平时纪律比较散漫、学习不够努力的孩子,也会在这段时间表现得守纪与努力,令人有焕然一新之感。这时,家长如能给以及时的鼓励和有效的督促,就能使孩子开始一种崭新的生活。

(2)孩子生日时

对孩子来说,生日是最难忘而又愉快的日子。父母为孩子准备生日礼物和美味饭菜的同时,不要忘了生日赠言。生日赠言,既可是书面的,也可是口头的,关键是要通过赠言使孩子明白一些道理。

(3)当孩子对某些事物有浓厚兴趣时

家长对孩子平时的行为要细心观察,一旦发现孩子对某一事物特别有兴趣,就要及时给予启发和鼓励。抓住孩子兴趣的"闪光点"因材施教,能够激发出孩子某一方面的智慧火花,使孩子在兴趣的引导下提高能力,走向成功。

(4)当孩子遇到困惑时

每个孩子在日常的学习和生活中都会遇到困惑,这时,他们会特别渴望别人的理解和指导,此刻正是家长教育他们的最佳时机。这时,无论家长是摆事实还是讲道理,孩子都会很容易接受。

(5)当孩子犯错时

孩子的成长就是一个犯错改错的过程,犯错时恰好是说服教育孩子的最佳时机。只有在发现错误时,孩子才更有可能深刻地去理解更多的人生道理。

犯错不可怕,可怕的是孩子不敢面对错误。这时,家长就要帮助孩子分析错误,引导孩子正确面对错误,最终达到改正错误的目的。

孩子犯了错误,大多数会主动意识到自己错了,特别是当后果较严重时,还会痛悔不已。此时,家长及时对孩子进行教育,就会收到比较好的说服效果。

一个孩子平时在校不守纪律,在家不听父母的话,随便玩火,结果烧了起来,幸亏邻居发现后及时扑救,才使全家免遭灭顶之灾。看到被烧坏的家具,孩子痛哭流涕,沉痛万分。父母趁机教育他要遵守纪律,不能随便玩火,孩子从此成了一名遵纪守法的好学生。

(6)当孩子取得成绩时

当孩子取得一定的成绩,如在学校中考得了好名次,或在某项活动中表现突出受到奖励等,这个时候,孩子的情绪往往比较高昂,自信心也会比平常强。家长要抓住这个时机,在肯定和鼓励的基础上,及时指出孩子的不足之处,给孩子提出新的目标和要求,引导孩子乘势而上,百尺竿头,更进一步,把一时的热情转化成持久的动力。

当然,家长也不能忽视孩子因成绩而引发的骄傲自满情绪。

骄傲是成功的大敌,家长千万不能忽略。有些孩子的学习成绩经常大起大落,其原因就是骄傲自满。因此,家长在表扬孩子取得成绩的同时,还应及时让孩子懂得"虚心使人进步,骄傲使人落后"的道理。

此外,当孩子做了好事时,如给老人让座、帮助同学解决困难、关心班集体等,家长一定要给予孩子及时的肯定和表扬。孩子做好事常常是无意识的,家长要善于把这种无意识引导到有意识,逐步培养孩子良好的品德。

(7) 当孩子遇到困难和失败时

孩子遇到困难和失败时,最容易泄气,情绪低落,同时也最害怕嘲讽。有些家长偏偏在这个时候对孩子又挖苦又讽刺,还常常说出"笨蛋""傻瓜""白给你吃的穿的"之类有伤孩子自尊的话,使孩子对自己越来越没有信心,上进心一滑再滑。如果此时家长能多给孩子一些鼓励和关心,积极地肯定孩子的成绩,对他的不足之处予以点拨,与孩子一起探讨解决困难的方法,帮助他重新树立信心,走出困境。在战胜困难和失败后,孩子的自信心就会大大提高,以后遇到同样的问题也会知道如何去解决。

(8) 当孩子的合理需要得到满足时

孩子常常在学习、生活、物质和心理上提出各种需要,要求家长予以满足。如果是合理的要求,家长在满足孩子的需要时,可趁机向孩子提出一些希望和要求。这时,孩子往往会把父母的话铭记在心,按照父母的期望去行动。

一个男孩要求爸爸为他买一件礼物送给过生日的同学,爸爸很快满足了他的愿望。当爸爸把礼物送给儿子时,提出了一个要求:"送给同学礼物是尊重同学,随便讲脏话就是不尊重别人,爸爸希望你今后能改掉随便讲脏话的坏习惯。"从此,这个男孩再也没讲过脏话。

(9)带孩子出门做客时

有的孩子在自己家还比较听话,但一到客人家,就容易"人来疯",放任骄蛮,有失大人的面子。如果家长当着客人的面大声训斥孩子,孩子不但不会听,还会故意大哭大闹,弄得大家都很尴尬。要使孩子在别人面前变得更有礼貌,父母必须在临出门前先心平气和地给孩子说一些礼貌性的话语和举止,并传授文明的交往事宜,这样,孩子比较容易记住。回来时,要及时表扬孩子的优秀表现之处,同时毫不客气地指出不足之处,要求以后改正。这样做,能使孩子弄清楚大人对自己的要求。

(10)和孩子一起外出旅游时

孩子在和家长一起外出旅游时,心情一般会比较舒畅,家长在给他讲解景点故事的同时,还要有意识地教育他要热爱祖国的大好河山,不能攀折花枝、乱涂乱写、用食物或脏物投掷动物、乱丢瓜皮果壳等。

教诲孩子的时机在日常生活中俯仰皆是,远远不止上述几种,关键是家长要做一个有心人,用慧眼去发现时机,用耐心去等待时机,用宽容的心去创造时机。只要时机得当、方法科学,每个孩子都能成才成功。

4.利用场景,深入交流事半功倍

单调的语言说教是很苍白无力的,为人父母者要善于抓住时机,利用具体生动的情景与孩子说话。

(1)孩子表现怯懦时,利用情景给以激励

美国肯尼迪家族的女主人就是如此。每当家里孩子因受欺负而哭泣时,她们总是说:"记住,孩子,肯尼迪家的人绝不会哭泣!"这种格言式的语言在具体情景中经过一次次反复与强化,渐渐激励孩子们坚强起来,彻底战胜怯懦、软弱。

(2)孩子遇到困难时,利用情景给以鞭策

有个小女孩左小臂残疾,父母倾其所爱,却养成了她依赖、怕困难的毛病。心理医生建议女孩父母要像对待健全儿童一样对待女儿,不能迁就。一次,母亲让女儿削土豆,她跑到父亲面前哭诉:"我削不了,我只有一只手!"父亲捡起一只土豆说:"它不过是一只小小土豆,你却有一只半手。动动脑子,办法总会有的。记住,孩子,一只手永远都不是你的借口!"孩子无奈,只得想办法,最终以断臂按住土豆削完了它。

这个父亲听从心理医生之劝,抓住一个具体场景,以严格而又不失温和的言辞拒绝了孩子的借口,堵住了她向困难低头的退路,从容达到了教子自强的目的。

(3)孩子流露傲气时,利用情景给以训诫

某位总裁之子,一次引领同伴闯入其父办公室,一屁股坐到那把堂皇的大椅上,对同伴颐指气使道:"我爸是今天的总裁,我一定是明天的总裁,你们谁当我部下,给我沏茶送文件?"话音未了,父亲顺势让秘书递来一把木椅,一字一板道:"现在,你得好好坐在这把椅子上,念好书,写好作业。告诉你吧,爸爸的位子只会给有本事的人坐!"

(4)孩子奢侈浪费时,利用情景给以纠正

有个女孩,中学毕业后未能升学,无所事事地待在家里,由于无聊,她打起了派对电话。父亲接到当月500元的电话账单后,将账单放到她面前说:"你学过数学,也许能算出它是我工资的几分之几,请解释这个月电话费为什么这么多。"女儿只好低头承认错误。父亲说:"好,这份账单由你来处理,这个月电话费也由你来支付。打工也罢,做生意也罢,只要你能记住教训就好。"于是,女儿揣上账单外出找工作,决心以行动弥补自己的过失。

面对女儿初显的浪费恶习,这位父亲没有讲大道理,而是利用具体情境,给女儿指点了"还账"的途径,及时予以纠正,显得自然贴切。

(5)孩子面临选择时,利用情景给以忠告

有位父亲平时很严厉,对儿子从无亲热之状。等儿子穿上军装时,他才一边替孩子整装一边说:"你应该知道,你穿上这身军装,我感到很光彩。如果你还有什么事让我替你做,我会点头的!"父亲的平淡之语使儿子分外感动,更平添了几分荣誉感、自信心。

其实,这位父亲借用穿军装这一情景而生发出的告别语,是对儿子前途选择的一种赞许,更是对儿子的忠告和期许。

生活中,有利于启发、教导孩子的具体情境太多了。父母匠心独运,善于发现和利用这些情景,和孩子深入交流,以明白无误的言语,给孩子以适时的引导和告诫,不比那无中生有的空洞说教有力得多吗?

5.不适合"教子"的几种情景

清早不教子,让一天有个好心情

潘夏家每天大清早都要重复以下的情景:

潘夏的妈妈起床后开始为儿子准备早餐。6:30,牛奶、鸡蛋、面包准时端上桌,然后,妈妈便开始一遍一遍地叫潘夏起床。

也不知道妈妈叫了多少遍,一直到快7:00了,潘夏才无精打采地起来。胡乱刷刷牙,抹两把脸,然后坐到饭桌前用最快的速度解决早餐。

与此同时,妈妈忙着为他叠被子,收拾凌乱的衣服、物品,嘴里还不停地唠叨着:"看看你,老是把房间弄得乱七八糟,让人跟在你屁股后面收拾。每天叫你起床都得喊破嗓子才动,早饭都凉了吧?总吃凉饭,还这么狼吞虎咽,胃会坏的,天天跟你说也没

第六章 抓住时机,摸准孩子心理说准话

用。要是妈一叫你你就起来,你就不用这么紧张,也不会老是迟到挨批评了……"

潘夏只顾把吃的、喝的填进肚子,用手背抹抹嘴,抓起妈妈放在沙发上的书包,转身就往外走。妈妈追在潘夏的身后喊道:"着什么急呀,就吃这么几口呀,一上午的课呢,会饿的。哎,上学的东西都带齐了吗?别又落点儿什么,每天都要让人提醒……"

等妈妈追到门口,潘夏已经没影儿了。妈妈站在门边,无可奈何地摇着头:"我这是造的什么孽呀,为他忙活来忙活去,他连理都不理就走了……"

正所谓"一日之计在于晨",当孩子每天早晨像小潘夏一样脑子里回旋着家长的训斥和唠叨声,极不开心地开始一天的学习,其效果可想而知。

美国《读者文摘》曾调查过1000多名孩子,了解他们的苦恼和要求,其中,孩子们有一条共同要求,就是希望父母早晨不要训斥自己。

早晨是每家每户最忙乱的时候,父母要准备早餐,整理房间,还要替孩子做出门前的准备,有的父母常常会不自觉地对孩子大喊大叫,说他们要迟到了,嫌孩子笨手笨脚等,斥责声不绝于耳。

心理专家指出:若父母在孩子出门前对其大声训斥,这种声音就会整天在孩子头脑中回响,影响孩子的情绪。更为严重的是,声音最容易引起孩子的恐惧,早晨大声训斥会把孩子宁静的心境扰乱,使他们整天心神不宁。

此外,孩子睡觉前被责问、训斥,甚至被打骂,也会因高度紧张而难以进入睡眠状态,而且会因带着不良心情入睡而使睡眠

质量降低,影响体力和精神的恢复。

孩子犯了错误,需要批评,但批评教导时一定要选择时机。确定批评孩子时机的原则是:一、抓住孩子能够接受的最佳时间;二、有利于孩子的学习和具体事务的进行;三、不能损害孩子的身心健康。

餐桌不教子,营造愉快的用餐环境

据中国青少年研究中心在全国六大城市2500名中小学生中进行的调查显示,有超过一半的孩子在吃饭时挨过父母的"批"。专家认为,餐桌是全家团圆、感情汇聚的欢乐地,父母若将进餐时间当作训斥孩子的课堂,会给孩子的身心健康造成不良影响。

良好的"餐桌文化"氛围可以使家人放松心情、促进食欲,对孩子的生活和学习起到积极作用。可不少家长饭碗一端上手,就开始喋喋不休,指责孩子成绩不理想,大伤孩子的自尊。如果饭桌上的数落成为家庭教育的主要模式,久而久之,就会让孩子对吃饭产生一种习惯性的抵触和恐慌,在饭桌上如坐针毡,备受压抑和困扰,长此以往,容易诱发心理疾病。

进餐时对孩子絮叨责备,不仅会在心理上对孩子形成压力,对孩子的身体也很不利。

在餐桌上数落孩子会直接影响孩子的就餐情绪,而情绪的好坏对胃肠的消化功能有着直接的影响。就餐时,中枢神经和副交感神经适度兴奋,消化液开始分泌,胃肠开始蠕动,出现饥饿感。食物进入胃肠道后需经过消化液的作用并通过肠壁吸收其营养成分。每当就餐时,消化腺就会分泌消化液,而这个消化过程是一个在大脑神经支配下的条件反射活动。如果这时遭到大人的训斥、打骂,已经兴奋起来的消化腺就会受到抑制，消化液的分泌会大大减少，即使食物吃进肚子里，也得不到充分消化，难以吸收。长此以往，就会造成孩子食欲不振，营养不良，最终引起疾病。

在孩子情绪不好时，大脑皮层对外界环境反应的兴奋性会降低，使胃肠分泌的消化液减少，胃肠蠕动减弱，从而降低对食物的消化吸收功能。

孩子在用餐时因受到训斥而伤心掉泪，边吃边哭，很容易在抽泣时将食物吞咽到气管里，引起强烈的呛咳，甚至呼吸受阻，危及生命。

所以，当孩子有过错时，父母应选择恰当的教育时机，切忌迫不及待地在吃饭的时候批评、责备甚至打骂孩子。当然，这并不是说在餐桌上不能教育孩子。餐桌虽小，但意义重大。家长如果能够营造出一个愉快、舒适的进餐环境，就等于搭建了一座和孩子良好沟通的桥梁。在愉快的环境当中，孩子有发表自己"高见"和讲述"新闻"的机会，这样既有利于孩子语言表达能力的发展，又有利于父母了解孩子的内心世界，同时还有利于活跃进餐时的气氛。

人前不教子，给孩子"面子"

虽说中国人都爱念叨"孩子是自己的好"，但和外人在一起时，总会数说自己孩子的不足，如"我们家小胖不如你家黑子聪明"、"我们妞妞不像你们闺女那么秀气"等。其实，每个父母心里都想说"我们家的孩子最好"，可嘴里却硬是要贬低自己的孩子，找找毛病，假装谦虚。

在西方，这种情况却截然相反，父母从不在别人的面前贬低自己的孩子，而会表现得很为自己的孩子感到骄傲。

妈妈带五岁半的杰克去上他的第一节游泳课,小杰克没有像其他小朋友那样勇敢地跳进水里,老师把这件事告诉了他的母亲。杰克妈妈没有当着许多同学和老师的面批评儿子,而是鼓励孩子说:"没关系的!我真高兴有你这样的孩子,你会学会游泳的。我小时候学游泳比你还胆小,后来也很快就学会了。"

后来,当别的孩子还用手扶着浮漂游泳时,杰克已经能自如地空手游了。

父母想让孩子听进自己批评的"逆耳之言",就必须注意处处给孩子留有余地、留足面子,尽量做到"人前不教子",特别是不要在孩子的同学面前批评孩子,使孩子"颜面大失"。

调查表明,很多孩子都认为在大人面前挨父母批评,即使是"大批特批"也能忍受,可是在自己同学、同伴面前被父母指责,那是很难受的。这是孩子的心声,家长一定要记在心上。

此外,还有一点要着重提醒父母:千万不要在孩子的异性同伴和同学面前批评孩子,说孩子的缺点。因为很多事实证明,在异性同伴面前,如果父母不顾孩子的面子管教他们,孩子的逆反心理会异常强烈。

即使在大人面前,聪明的家长也不能对孩子加以"指责",更不要说"大批特批"。孩子为什么能够忍受在大人前面被父母指责呢?这是"习惯成自然",一种无可奈何的选择。可家长能不能不给孩子提供这种选择的机会呢?因为这样的选择会破坏和谐的亲子关系,使父母的批评语言适得其反,影响家庭教育的效果。

6.就事论事,切勿借题发挥

家长要就某一问题批评孩子时,一定要就事论事,有什么问题谈什么问题,干净利索,切勿借题发挥,把问题扩大化,甚至揪住历史问题不放。

有些家长在气头上就容易联想,喜欢把孩子过去的老底都翻出来,絮絮叨叨,没完没了,这样做只会加大解决问题的难度,增加孩子的反感。

以下是一对父子的谈话:
"你到哪里去?"
"和朋友出去。"
"到底和谁去?"
"初中的老同学、王姨家的巍巍、八楼的德胜和后街的顺子。"
"顺子?是不是在毕业前出事的那个顺子?"
"老爸记性真好。"
"我告诉过你,不要和顺子来往。那孩子太捣蛋了,差一点被开除。上次你们几个就是因为他,差点闯大祸。你们这次去哪里?"
"我们去商场。"
"不买不卖,到商场干什么?"
"不干什么,就是逛逛。"
"简直是浪费时间!年轻人不在家好好学习,到处闲逛,再加上那个顺子,不出事才怪!你功课做完了没有?上次考成那个样子,还好意思出去闲逛。"

"老爸,你有完没完?您想象力真丰富,不就是出去玩吗?你烦不烦?"

"小子,给我说话放尊重点。老老实实早点回来,要不然有你好看。"

这样的对话可能在很多家长和孩子身上都发生过。在有些家长看来,这也许正是个批评教育孩子的好机会。可这样的教育效果会好吗?正如对话中的儿子所说的,不就是出去逛逛吗?本来是件小事,却被父亲上纲上线,弄得这么复杂。复杂化的主要原因是父亲没有做到就事论事。如果父亲意识到无限的引申会影响到父子之间的关系,这位父亲肯定会控制自己的联想力。

有的父母有个习惯,一旦孩子犯了错误,他们就会把前几个小时、前几天甚至是前几个月的错事都搬出来:"你说你这孩子,上个星期上课不好好听讲,挨了老师批评,昨天作业错得一塌糊涂,今天作业还没做完就开始看电视……"很多家长惩罚训教孩子时总忘不了东扯西拉,说出孩子的种种不是,直至完全忘记本次教训的主题。

孩子会怎么想呢?反正自己没有一处是对的,以前取得的成绩、改正的缺点家长都看不到,自己天生就是挨训该罚的料(有的甚至认为父母是在找茬整他),于是,渐渐对改错失去信心,破罐子破摔,我行我素,这样的教育效果可想而知。所以,家长教训惩罚孩子时,务必要就事论事,切勿搞牵连、翻旧账。

7.读懂孩子,拒绝也要因人而异

孩子虽小,但已经有了自己的感情需要和意识需要。孩子不能很好地表达自己的情感、思想,这就要求父母要用智慧去读懂和感受孩子的内心世界和他的独特思想,真正做到"知子莫如父,知女莫如母"。在读懂孩子的前提下,选择有效地说"不"。

已经快中午1点了,昭昭还在兴致勃勃地看动画片,妈妈几次催促让她睡午觉,她都只应声却不动。为了让孩子乖乖去睡午觉,妈妈强行关掉了电视,结果,昭昭大哭了起来。爸爸看见了,便把她抱在怀里哄着。这时,昭昭说:"爸爸,我不想睡觉,如果不让你做喜欢的事,你会不会很伤心?"爸爸被问住了,妈妈也很诧异,不知该如何回答。

从这件小事中,我们看到了孩子的智慧。如果昭昭的父母足够机敏,他们就会趁此机会告诉孩子,不让他们做自己喜欢的事,他们也会感到很痛苦,但一个人不是喜欢什么事情就能做什么事情,要看这事对自己和别人有没有影响。不让孩子看电视是因为要午睡了,不按时午睡对身体健康不利。如此,把一些道理融于孩子的实际体验中,大部分孩子都是可以理解和接受的。但昭昭的父母哑口无言,错过了一个良好的教育时机。

面对不同年龄的孩子,有不同的教育方法,当然也有不同的拒绝方式。

比如，对两岁以前的孩子，宜采用直截了当的拒绝方式。因为这个年龄段的孩子语言功能还不完善，如果父母对他讲比较复杂的道理，孩子可能会听不明白，所以对这个阶段的孩子应直截了当地拒绝，如直接对孩子说"不可以"或是对他摇头。当孩子有危险举动时，例如去拿打火机玩，父母就要马上制止，甚至可以给孩子一点小苦头吃，如取消孩子的下午甜点等。

对2到4岁的孩子可采用"冷却处理"的方式予以拒绝。因为这个年龄阶段的孩子正处于人生第一个"反抗期"，不再像以前那样听话，经常和大人"闹独立"，叛逆性十足。对这个时期孩子的不合理要求，父母要采用适当方式加以引导，尽量避免采用强硬的处理手段。"冷处理"是对付这阶段孩子不错的办法。当孩子大吵大闹的时候，你可以不去理睬他，等事后双方都冷静下来再同他讲道理。如果孩子在公众场合哭闹，父母可以先把孩子安抚回家，再进行冷处理，这样还能保护孩子的自尊心。

对4到6岁的孩子，在拒绝时应晓之以理。因为这个时期的孩子在心理特征上处于一个过渡期，正从自我中心发展到认识周围的环境事物，同时，孩子在语言上的智能也有了相当的提高。这时，父母可以采取讲道理的方式来同孩子沟通，坦白而简单地向孩子说明为什么不能这么做，这么做会有什么后果，来帮助他提高分辨是非的能力。"冷处理"的方式也同样适用于这个年龄段的孩子，在冷处理之后再晓之以理，最后别忘了给孩子一个爱的表达来抚慰他。

随着孩子年龄的增长，其感情和思想更加复杂，这就要求父母要懂一些成长心理学，研究孩子的年龄特征，灵活地运用有效地说"不"方式。

孩子气质不同,父母的拒绝方式也要有异。

对容易兴奋、听不进劝的孩子,父母可以把孩子带到另一个场所,让他脱离使他兴奋的环境,两眼冷静地看着他,强制他休息片刻。

对好奇心强的孩子,父母要善于把他的注意力从他坚持的事情上转移到其他新奇、有趣的地方。这样,孩子很快就会忘记刚才的要求和不愉快。

对胆小而依赖性强的孩子,可用轻柔的暗示法予以拒绝。比如:孩子不愿意睡觉,缠着妈妈,你不妨问他:"妈妈明天还要上班,你觉得妈妈累不累?""你该怎么做呢?"

对好胜心强的孩子可采取激将法,充分利用孩子的好胜心理,让拒绝变成鼓励。如:孩子不愿打针,父母可以说:"奥特曼连怪兽都不怕,一定也不怕打针。你呢?"

父母有技巧地拒绝孩子,可以使自身的发展和子女的成长形成螺旋式的良性过程。孩子的成长过程有其自身规律和年龄特征,父母必须了解掌握,这需要父母不断地学习思考,增长智慧,做智慧型父母。

孩子在成长过程中需要父母来规范其言行,需要父母给他建立各种规则。小孩子一般都喜欢无拘无束、自由自在,被规矩左右的滋味最初肯定不好受。如果父母拒绝孩子的方式不恰当,就会激起孩子的愤怒、反抗。以下一些拒绝孩子的方式是不可取的,因为如此拒绝,无法帮助孩子更好地接受规则,进而形成自律行为。

(1)父母拒绝孩子时,规则飘忽不定不可取

有些父母对孩子执行的规则不严谨,今天不可以,明天又可以,完全看自己的心情而定,或者看孩子的反抗程度而定。如果家长心情好就可以,心情不好就不可以,那对孩子是很不公平的。孩子时刻看家长的脸色,揣摩家长的心思,哪还有精力去发展自己?如果看孩子的反抗程度而定,那等于变相鼓励孩子变成"滚地雷",以撒泼打滚来对付家长。如果家长受到了孩子的控制,哪还能执行规则,有效拒绝孩子?

(2)父母拒绝孩子时,居高临下、颐指气使不可取

情绪垃圾转移给了孩子,这是满足了家长,倒霉了孩子。遇到性情倔强的,双方势必剑拔弩张,导致亲子关系恶化。长此以往,感受不到家长的温暖,孩子的心便会渐渐远去。遇到个性温和的,虽然表面顺从,但心理会受伤,变得谨小慎微,看人脸色,迷失自我。一旦脱离家长的控制,前者如脱缰野马,行为失控;后者则不知道自己是谁、应该做什么,只会等着别人下命令,当可怜的"应声虫"。

(3)父母拒绝孩子时,对孩子进行情感勒索不可取

家长动不动就说"你再怎么怎么样,妈妈就不喜欢你了,就不要你了",这对三四岁以内的孩子来说,简直就如同恐怖分子要挟人质。这么大的孩子,爸爸妈妈就是全部的世界,是自己生存的依靠。若爸爸妈妈不喜欢自己,不要自己,对他们来说就意味着无法生存,那会带来怎样的心理恐惧啊?所以,家长这样说等于把刀架在孩子脖子上进行勒索。而对于大一些的孩子,这句话又显得超级"孩子气",也许第一次管用,多用几次,孩子就会知道其实你只是在虚张声势。孩子知道你在说谎,你又给孩子做了个什么榜样呢?

其实,合情合理地拒绝孩子真的不难。只要父母能放下身段,蹲下来,理解并尊重孩子,用爱心、耐心和决心来执行规则,孩子就能理解并乐于接受你的拒绝。

第七章

尊重孩子，
平等的谈话造就独立的人格

1.给孩子自由的时间和空间

教育专家陶行知认为,孩子的成长和发展需要一个宽松、开放、积极的环境，父母要在热切的期望和等待中引导孩子的成长。孩子的发展要遵循天性,不能任意抹杀孩子的创造欲望和玩乐心态,要给予孩子自由的空间,让孩子自由地发展。

孩子的成长不仅包括身体的成长,更主要的是语言、精神、气质、思想以及为人处世能力的提高和发展。为了使孩子的成长迅速一些,许多父母会采取一些过于积极的教育措施,例如请家教、报特长班等。不可否认,孩子多掌握点知识,多学点本领,没有什么坏处,但关键要孩子自己愿意,否则只能适得其反,不但不能使孩子按照自己的愿望发展,还可能极大地挫伤孩子的积极性,这是得不偿失的。

父母指导孩子太多,关注孩子太多,或者采用的强制措施和管束太严格,都会不利于孩子自由、健康、快乐地发展。所以,对于孩子的发展,一定要因人而异,要给予孩子一定的自由空间。

有个大学生在一篇题为《我的自由时空》的作文里写道:

我的外公是一位艺术家,我的父亲是一家医科大学的物理学教授,我的家如同一个人文与科学的梦幻组合。一个用亲身的经历告诫我为人要真诚坦荡,对世间万物都要心怀爱与感激,即使身处逆境也要发现身边的美;一个则用严谨的数学语言让我坚信这个世界必有规律可循,求真务实、善于开拓的科学精神是人们寻找安全感的良方。

有一段时间,外公告诉我,分久必合,合久必分,月满则亏,万物皆有必然之理;而父亲告诉我,世界可以用偶然来描述,甚至每个人都是因偶然才成为自己。当我将两句话完整地理解而发现其中的一致时,我觉得对未知世界充满了探索的自信。我认为这种感觉永远不是来自于灌输,而是启发式的诱导。记得小时候,父亲从幼儿园接我回家,总带我在路边的咖啡馆小坐片刻。在那儿,他让我试着把不同质地的咖啡勺浮在咖啡中,就这样让我理解了阿基米德的发现。

我的家庭氛围首先是民主,从我记事起,我对家中的事务就有发言权,而且父母从不强求我做什么,他们对我采取认同和尊重的态度。记得高中毕业填高考志愿时,家里希望我考医科大学,而当我欲报考华东师范大学心理学系时,父母所做的仅仅是确认我是否真的做了慎重的考虑,而后便全力支持我的选择。

我从小写作文就不爱打草稿,做数学题也不爱将整个步骤都写上,我认为只要抓住重点就可以了,能用简单的方法完成一件事何乐而不为呢?而这种"偷懒"的做法父母也认可了,他们的态度使我的个性在宽松的家庭环境下得到了充分的发展。

良好的家庭教育必源自善于进行教育的父母。上述案例中的主人公就是在重视教育、懂得教育、氛围民主的家庭环境中成长起来的。家庭教育不仅为他开拓了一个融知识与能力为一体的多维空间,还使他学会了宽容和谦让、理解和融洽,使他的求知欲得到了重视和满足,人格得到了健康的发展。

由此可见,父母作为家庭教育的实施者,必须树立正确的人才观、教育观,提高自身的素质,才能使家庭教育由经验育人向科学育人转变,由片面注重书本知识向注重教孩子怎样做人转变,由简单命令向平等沟通转变,使家庭教育真正发挥应有的作用。

给孩子自由的支配时间能激发孩子的积极主动性,让孩子自己去探索,培养孩子各种各样的兴趣,让孩子在交往、独处、分析与解决问题时学会思考,学会生活,提高适应、合作与协调能力。如果家长支配和控制了孩子的时间,孩子就无法自由活动,这会极大限制孩子身心的自由发展和对社会的适应能力。

给孩子自由支配的时间,还原了孩子童年的快乐、幻想和自由,奠定了其幸福人生的根基。正如教育专家所说:"童年的快乐是一生快乐的源头,童年的不幸是一生不幸的开端。一个人如果失去了快乐的童年,将来是无法弥补的。"

除了自由的时间,自由的空间也是孩子迫切需要的。

心理学家研究表明,孩子在成长过程中非常需要父母视线之外的、由孩子自己来规划的、属于他们个人的自然空间和心理空间,这种空间的扩大就是孩子自我的扩大。

很多父母知道孩子需要自己的小天地,所以会特意划分出一个房间,并在房间里安置最豪华的照明设备,没想到孩子却喜欢在餐厅做功课,这是因为家长没有认清"空间"的意义。其实孩子所需要的并不是单纯的独立房间,而是一个能安心玩耍、安心做功课的空间。所谓没有约束的空间,首先必须让他有待下去的欲望。

所以,孩子需要的自由空间不必是一个独立的房间,只要在客厅的一角划分出"孩子的角落"就可以了,那个角落不要摆父母的任何杂物,只能放一些孩子喜爱的玩具和物品。

空间感觉强烈的孩子,纵使没有门或帘幕的划分,也会在自己的场所上挂上看不见的帘子,然后在其中自由玩耍。等到孩子年纪稍大之后,可加一扇屏风,让空间更加独立,这样,孩子便会用自己的头脑去改善空间,考虑怎样才能更好地利用这里。有的孩子会自己动手钉桌子、椅子,这比父母所购买的书桌更能给予他"个人"的感觉。

父母要注意,不用勉强把孩子的房间区分出来,你可以做孩子创造自我空间时的助手,如此,自然能培养出孩子自主性。

等到孩子大一点,可能会要求拥有独立的房间,在符合家庭空间的前提下,父母可以顺应孩子的意愿行事。孩子因知道"空间"的意义而要求独立的房间,与父母随便为之安排一个房间,两者的意义是截然不同的。孩子要求拥有自己的房间,表示他的独立意识已前进了一大步。在这种情况下,父母应该给予积极的满足和帮助。

2.给孩子争辩的权利

父母在说服教育子女的时候,常常会遭到子女回嘴、反驳、顶撞。面对孩子的争辩,做父母的该如何处置呢?

由于受几千年传统观念的影响,中国家长觉得孩子小,见识少,阅历浅,不成熟,所以形成了"父母说话,小孩子听"的习惯。很多家长不允许孩子和父母争辩,奉行"父母之命"的教义,孩子只能对父母的话"言听计从",否则就认为孩子不守本分,有失父母威信。

这其实是一种极不平等的观念,不但不利于和谐的亲子关系的建立,也不利于孩子心智的发展。

许多家长的实践说明,父母平等地对待孩子,允许孩子争辩,孩子往往会讲出一通令父母受益的道理来。

某市科技协会副主席一直希望儿子拿一次"三好学生"的奖状,可儿子一次也没拿过。当儿子取回成绩报告单交给她时,她一看成绩很好,老师评语也不错,就是上课做小动作的缺点老不改,于是很生气,数落了儿子一通,指责他有缺点不改。儿子听了,坐在沙发上哭了起来。

过了一会儿,儿子让奶奶送本书给妈妈看,书中讲有两个小组参加竞赛,预赛时,甲组有位同学出了差错,大家都批评他,那位同学很紧张,导致在决赛中出错,甲组因此失利;乙组预赛时也有位同学出了差错,可大家都鼓励他,结果决赛时那位同学没出过错,帮助乙组赢得了竞赛的胜利。

妈妈看完这本书,心中不免吃惊:儿子长大了,这不是在教育我该怎么做嘛!于是,她来到儿子身旁问儿子还有什么话要说,儿子说了一句:"我们班里的三好学生,他们的父母都是五好家长。"这下,妈妈听懂了,从此用关心代替指责,身教重于言教。第二年,儿子终于捧回了"三好学生"的奖状。

明智的父母会尊重孩子,给孩子争辩的权利,认真地倾听孩子的申辩。

从孩子的争辩中,父母可以了解其发生某种错误行为的背景、条件以及心理动机等,因势利导地进行教育。如果孩子的申辩是对的,家长就应尊重孩子的意见;如果孩子的申辩是错误的,家长也应该摆事实、讲道理,以理服人,以情动人,使孩子心悦诚服。

让孩子争辩,也是为父母立一面镜子,父母可以通过听取子女的争辩检验自己的教育方法是否得当,说的是否在理,发现不妥之处可以及时调整。

心理学家经过调查研究得出了这样的结论:在反抗期,能同父母进行真正争辩的孩子,将来会比较自信,也富有创造力。

心理学家认为,促成孩子和父母争辩的直接原因,是他们语言能力的进步和参与意识的觉醒。在争论时,孩子必须根据自己对环境的观察分析,选择并运用学到的语汇和表达方式,试图有条理地表达自己的欲望、观点,挑战父母,这将大大刺激孩子语言能力的发展。而且,通过争辩,孩子可以学到争论、辩论的逻辑技巧,这对孩子日后思维的发展是有利的。

心理学家还认为,争执能帮助孩子变得自信和独立。在争辩中,孩子会感觉自己受到重视,知道应该怎样表达才能实现自己的意志。争执也意味着孩子自我意识的觉悟,表明他正在尝试着走自己的路。孩子在与父母争辩后会发现,父母并非总是正确的,辩论的胜利无疑能使孩子获得一种成就感,既让孩子有估量自己能力的机会,也能锻炼他们的意志力。允许孩子争辩,可以培养孩子的抗争能力,有利于他在前进的道路上树立起敢于拼搏、敢于斗争的精神。

因此,明智的父母通常不会把自己的意志简单地强加在孩子身上,而是尊重孩子争辩的权利,为孩子的争辩创造一种宽松、平等的氛围。

尊重孩子争辩的权利,这对许多做父母的来说并不容易,他们在教育子女的时候,往往只能我说你听,哪容子女争辩?所以,给子女争辩的权利需要家长克服自以为是、唯我是从、只准说是、不准说不的单向说教的思维定势,代之以尊重孩子、鼓励争辩、勇于承认错误、善于双向交流的思维方式,改变轻则呵斥、重则棍棒的粗暴行为,养成重平等、讲民主、以理服人的良好家教习惯。

3.放下身架，"蹲着"说话

在中国家庭里，家长与孩子之间等级似乎很森严，父母高高在上，孩子低低在下，没有共同语言，缺乏有效沟通，家长与孩子之间可以说是"血脉相连，思想不通"。这是许多家长"高孩子一等"的顽固思想在作怪。

有的家长想了解孩子，或者想知道孩子最近学习如何，就会以一种命令的口气说："儿子过来，给爸爸说说你最近表现怎么样。""儿子，过来给妈妈汇报汇报！"完全是一种高高在上的口气和作派。孩子这时心里会想："爸爸妈妈又要挑我的刺了。""老师批评我的事情可不能让他们知道。"于是，家长想听到的没听到，孩子想说的没说出口，交流进入了一个恶性循环的"怪圈"。

很多家长在潜意识中拒绝放下家长的架子，"我是你的妈妈，我不管你谁管你"、"我过的桥比你走的路还多"等，这些传统观念还残留在家长的头脑中。有的家长认为，十来岁的孩子什么都不懂，我是大人，是他的长辈，怎么可能平等呢？我说他就得听，我要求他就得做。

孩子在大人面前没有平等对话的机会，总是被动地接受父母的管束，有话不能说，有意见不敢提，久而久之，孩子即便有想法，也不敢、不愿与父母交流。

为什么家长与孩子不能像朋友一样平等相处、互尊互爱呢？为什么大人不能与孩子"一般见识"呢？这是因为有些家长为孩子尽义务的思想太少，而权利思想太多。鲁迅说："对于子女，义务思想须加多，而权利思想却大可切实核减，以准备改作幼者本位的道德。长者须是指导者、协商者，却不该是命令者。"

美国家庭教育专家史蒂文说："成功的家庭教育是家长舍得拿出时间与孩子在一起，以一种平等的态度与孩子交流，对孩子正确的想法和行为给予充分的肯定。"

一位美国母亲开车带着两个儿子出去。路上，妈妈一直在与大儿子说话，无意中发现小儿子在气呼呼地用脚踏前面的座位，便急忙停止了与大儿子的对话，转过头来问小儿子怎么了。

"你只顾和哥哥说话，为什么就不理我呢？"

妈妈连忙道歉："哦，孩子，对不起，因为哥哥要去参加比赛，所以妈妈就多叮嘱了他两句。好了，现在与哥哥的谈话告一段落，告诉妈妈你想说些什么？"

"妈妈，我想听儿童歌曲。"

"好的，妈妈放给你听。"

"妈妈，您真好。"

"好听吗？"

"嗯，这个小孩唱得真好，我长大了也要学唱歌。"

"好的，儿子，只要你努力，一定也会唱得很棒的！"

"妈妈，我们过会儿吃什么？"

"你想吃什么呢？"

"嗯，让我想想，我想要一个汉堡，一杯果汁，再要一个鸡腿。"

"好的。看,前面不远处就有一家汉堡店,我们过会儿去那里买。"

"好的,谢谢妈妈。"

在很多西方国家的父母看来,孩子是一个独立的个体,有自己的权利,有自己的尊严,作为父母,不管是说话还是做事,都要听听孩子的意见,站在与孩子平等的位置上与孩子对话。

那么,中国父母应该如何与孩子进行平等的交流与对话呢?

在教育孩子时,中国的父母们早已习惯站着说话,对孩子发号施令,把自己的思维和主观愿望强加到孩子身上,而很少考虑到孩子内心的想法。当自己的愿望与孩子的想法产生碰撞的时候,父母会对孩子大失所望,然后强制孩子按自己的意愿行事,根本不会考虑孩子的感受。

如果父母"蹲下来",蹲到和孩子一般高时再开口说话,情况又会怎样呢?

无数事实表明,父母以居高临下的姿态来关心孩子,反而会使孩子产生逆反心理。只有父母转变姿态,像对待朋友那样去关爱孩子,才有可能让孩子感受到平等。

一天,刘芳接到学校老师的电话,说儿子在学校和人打架,被扣在了学校,让家长到学校领人。刘芳听完电话后,当即火冒三丈,决定这次一定要狠狠教训这个调皮鬼一番。

在去学校的路上,刘芳忽然产生了一个想法:如果我打儿子一顿,难道就真的能收到预想的教育效果,保证儿子以后不再打架了吗?因为有了这样的念头,所以在学校见到儿子之后,刘芳并没有立刻发作,而是平静地将儿子带回了家。

回家之后,刘芳也没有发作,而是耐心地帮儿子在伤口上贴上创可贴,并且下厨为儿子做了可口的饭菜。当儿子一口口吃着饭菜时,刘芳才开口述说自己是如何担心儿子,如何盼望儿子能早点回家。听着听着,儿子的声音哽咽了,哭着扑进刘芳怀里,说自己错了,对不起妈妈,以后再也不打架了,再也不让妈妈担心了。

听了儿子的承诺,刘芳欣慰地笑了。

刘芳从孩子的角度出发看待孩子的过失,使孩子感受到母亲对他人格的尊重,感受到他与母亲在地位上的平等。在现实生活中,许多父母都喜欢用成人的思维方式来看待孩子的行为,孩子稍有失误,就对孩子进行指责和批评,这是不正确的。

孩子本身就是一个独立的个体,有自己的思想、人格和尊严,他们希望父母能够给予他们尊重和平等。"蹲下来"和孩子说话,是增强孩子独立意识的有效方式。至少,孩子肯定会认真地听你说话,这一点非常重要。倘若你在说话,而他心不在焉,那么即使你说得再多,道理再正确,又有什么用呢?

"蹲下来"吧,只有"蹲下来",不再居高临下,与孩子完全处于平等的地位,孩子才会把他的真实想法告诉你——这就是孩子为什么喜欢把心里话对自己的朋友说,却不愿与父母说的原因。"蹲下来",这一步很关键,因为不管孩子的想法是否正确、有无道理,只有在了解了孩子的真实想法之后,你才可能有的放矢地教育孩子。

父母如果真心实意地愿意以平等、尊重的态度同孩子进行沟通和交流,有没有什么捷径或者最佳方式呢?以下是一些教育专家的意见,不妨参考一下。

(1)忌用过激的语言

好的意识需要用好的语言来表达。没有人能在任何时候都沉住气,难免会有控制不住自己情绪的时候,越是激动,越有可能说些不该说的话。这时就需要父母养成良好的语言习惯,即便再怎么生气,也要注意用语,避免说一些过激的话,以免伤到亲子关系,否则会阻碍父母与孩子之间平等关系的建立。

(2)跟孩子说话不宜啰嗦

有些父母费尽心力地教育孩子,效果却并不理想。表面上看来,他们是在与孩子公开交谈,殊不知,他们的某些话恰恰堵住了孩子的嘴巴和耳朵。最常见的弊病就是某些父母教条似的长篇独白,一开始就是:"当我和你一样年纪的时候……"绝大多数孩子都不喜欢这种说教式的谈话。

(3)语言一定要发自真心

凡是关系融洽的家庭,家人之间交谈时,语言都充满了爱心和亲切感,态度和蔼。而那种直来直去、不讲究方式的语言,用意虽好,却会得到相反的效果。具体的语言方式,要因人而异。

(4)尊重孩子的个人意见

在讨论一般的普通家事时,不妨让孩子"参政"一下。不管最后是否采纳了他的意见,至少要让他感受到自己在家庭中的重要性,是家庭一员。如此,他们也会发自内心地尊重长辈。

"蹲下来"说话,不仅仅是一种行为的表现,更是一种教育观的体现。只有怀着崇高的责任心和热切的期望,父母才能"蹲下来";只有把孩子看作平等的个体,父母才能"蹲下来"。

只有"蹲下来",父母才能平视孩子,才能获得和孩子真正平等交流的机会,才能真正明白孩子心中所想以及他们行为的真正动机。

4.参与孩子的活动,做"拉拉队"

主动参与到孩子的活动中,不但有利于建立融洽的亲子关系,还可以开拓和发散孩子的思维能力。很多父母都已经意识到了这一点,并身体力行地实践着。

一个朋友约夏霞喝咖啡,期间,他们聊到了关于孩子的教育问题。

夏霞问:"你家宝贝女儿从幼儿园回到家里之后,通常都会做些什么?"

朋友说:"通常都是自己在家里玩,昨天她自己在家里玩橡皮泥,玩得可开心了。"

夏霞问:"你有没有参与进去,和孩子一起玩?"

朋友说:"孩子一个人玩得挺好的,我觉得不需要大人去参与,留个空间给她自己玩更好。小孩照着书本捏的小乌龟、小鸭子、小蛇很生动,非常有趣。"

夏霞觉得朋友说得有道理,不过,她还是发表了自己的见解,她说:"如果是我,我会参与到孩子的活动中,和孩子一起捏泥人;如果玩过家家的游戏,我也会参与其中。"

　　让孩子一个人玩固然好,但会缺少一种共享的乐趣。父母参与到孩子的活动中,不仅可以培养孩子团结合作的精神,还可以开拓他的思维,建立更亲密的亲子关系。除此之外,跟孩子一起玩还可以让大人获得彻底的放松。

　　孩子虽然没有太多的社会经历,但他们拥有天马行空的想象力,孩子的世界更丰富、更奇妙、更有趣。有这么多的好处,为什么不参与进去一起玩呢?

　　著名教育家斯宾塞就常常积极参与孩子的活动,比如音乐会、运动比赛、乐团等。即使孩子告诉他不希望他去,他也还是会去,因为他知道,孩子是希望他去的。

　　通过参与孩子的活动,父母可以了解孩子的兴趣和特长。

　　腾出一段特定时间与孩子一起从事他喜欢做的事情,是无比重要的。如果你希望孩子学会持之以恒的品质,掌握其他与工作相关的技能,你就要用你自己的兴趣、可依赖性及独特的指导,为孩子树立榜样。

　　一般情况下,年龄越小的孩子,家长需要参与的活动、花的时间越多。尽管我们很想让孩子多参加一些体育活动,但最后的选择还在于孩子自己。如果可能的话,家长要尽可能地参与,大力支持,努力做好后勤服务工作。

尽可能参与孩子的学校活动

　　对于孩子们来说,他们的大部分时间都是在学校度过的。作为父母,要积极参与孩子的学校活动。

那么，如何才能做到这一点呢？不妨先来看看以下两个情景：

情景一：

施嘉刚上二年级不久，妈妈就接到了儿子班主任的电话。

电话那头，年轻的女老师十分客气地问："六一儿童节的时候，我们班上要出一个舞蹈节目。您是著名的舞蹈老师，能不能抽点时间帮忙指导一下。"

"指导？"施嘉的妈妈问。

"是。"班主任回答，"我们很需要您的帮忙。"

"好！没问题。"施嘉妈妈满口答应了。

情景二：

一天，陈峰对女儿说："前段时间，你不是一直希望爸爸去你们学校吗？现在爸爸有时间了，你们班上有什么事需要爸爸做个帮手吗？"

女儿回答说："爸，现在没有什么事需要您帮忙了。"

听了女儿的话，陈峰感到很失落。

生活中，很多父母都不愿意参与子女学校的活动。每当孩子提出这样的疑问，他们总会以抽不出时间为由拒绝孩子。殊不知，孩子们是非常希望自己的爸爸妈妈能够参与到自己的学校活动中的。

如果父母对子女的作业、成绩、校内活动等经常做出回应，老师就会认为你重视孩子的教育，之后，他们就会更加积极主动地关注你的孩子各方面的发展。反之，如果父母对孩子的活动从来都不过问，老师就会觉得做父母的漠不关心，在忙不过来的时候,他们很可能会将你的孩子不小心"遗忘"掉。

做孩子的"拉拉队"

在人生竞技场,孩子只能靠自己去努力。父母既不能替代孩子,也不该自作主张地去当"裁判"。父母应该给孩子一种保持良好竞技状态的力量,做好孩子的"拉拉队"。

父母做孩子的"拉拉队",既要善于发现和赞美孩子,还要引导孩子正确面对失败,在挫折面前做孩子的战友。

儿子放学回家,一直闷闷不乐,临睡前才将足球抱进自己的屋子。

妈妈问原因,儿子却闷不吭声。一连两天,情绪都不见好转。

到了第三天晚上,妈妈问儿子:"是不是球技没有长进,所以不高兴?"

儿子仍不作声。

妈妈继续追问:"你有什么不愉快的事能讲给妈妈听吗?"

儿子回答说:"讲给你听有什么用,反正我现在不想上体育课了。"

妈妈听了这些话,很是吃惊,忙说:"发生了什么事?"

儿子突然提高嗓门说:"你知道吗?我今天踢了一个臭球,同学们都奚落我,认为我是差生、笨蛋。"

听了儿子的话,妈妈说:"儿子,每个人做事情都会有失误的时候,一个球没有踢好并不能说明什么问题。在妈妈眼中,你就是最棒的孩子,爸爸也是这样认为的,他很为你感到自豪。他说他像你这么大年纪的时候,根本就不会踢球。只要你勤加练习,球技一定会提高。同学们的嘲笑也没什么,用你的进步去让他们不再嘲笑你就是了。记住,儿子,无论什么时候,爸爸和妈妈都是你最忠实的球迷,我们时刻为你加油助威!"

那天晚上,母子俩谈到了11点,最后儿子说:"妈妈,现在我心情好多了,我会改掉粗枝大叶的毛病,明天上课好好听,把这两天的损失补回来,将自己的球技提上去!"

故事中的妈妈显然是儿子拉拉队成员之一。当儿子因为遭遇挫折而情绪低落时,她没有告诉孩子要怎么做或者不要怎么做,而是对孩子说她会永远支持孩子,还搬出了孩子的父亲来证实孩子在父母心中的地位。这种鼓励显然起到了非常好的效果。

做孩子的拉拉队,支持孩子,当孩子胜利时为孩子欢呼庆贺,当孩子失利时不离不弃地支持鼓励孩子,父母的这种支持和鼓励必然会给孩子信心和希望。

5.尊重孩子的兴趣爱好

美国教育家斯宾塞曾经说过:"身为父母,千万不能太看重孩子的考试分数,而应该注重孩子思维能力、学习方法的培养,尽量留住孩子最宝贵的兴趣与好奇心。绝对不能用考试分数去判断一个孩子的优劣,更不能让孩子有以此为荣辱的意识。"

"人各有志",每个孩子都有各自的兴趣与喜好,家长不能勉强,也不应勉强。人们常说的"萝卜白菜,各有所爱",强调的就是个人的兴趣爱好是不同的。

　　大多数父母都明白这个道理,但一旦牵扯到孩子身上,有的父母就会忽视这一点。生活中,总有许多父母无视孩子的兴趣,把自己想要孩子具备的"兴趣"强加在孩子身上,这样做必然会束缚孩子的发展。作为父母,望子成龙、望女成凤无可厚非,但若为了孩子能有一个好的"前途"而给孩子过大的压力,让孩子不堪重负而走向极端,那就太让人遗憾了。

　　孩子的发展应当是全面的。父母培养孩子首先要发现孩子的特长与爱好,不能让孩子变成学习的机器,而应当使他得到全面的发展。只要孩子的兴趣爱好不是有害的或不良的,父母就要加以鼓励和保护,因为孩子的兴趣爱好是引导孩子获取知识、培养能力、开发智力的有利条件。

　　西晋时,左思的父亲左熹一心想让儿子学书法,还花了重金聘请名家指导。可左思对书法不感兴趣,学无所成。之后,左熹又让儿子学琴,结果学了很长时间,左思也弹不出一支像样的曲子。这时,左熹才明白尊重孩子特点的重要性,根据儿子性格内向、记忆力好、对文学有特殊偏好的特点,因材施教,让儿子学赋诗。这下,左思如鱼得水,进步神速,不出几年,便能写出一手漂亮的文章,最终成为了西晋著名的文学家。

　　明代大医学家李时珍的父亲李言考科举屡次失败,便将入仕的希望寄托在了李时珍的身上,而李时珍酷爱医学,对八股文不感兴趣。可是在"父权"时代,李时珍只能从命,攻读八股文,结果三次科考都不中。李时珍感到不能再虚度光阴,便说服父亲同意他弃文从医。后来,他终于成为了举世闻名的医学家。

有的父母也想尊重孩子的个人兴趣,却不知道该如何去做,下面的方法可供参考。

(1) 承认孩子有爱好的权利

虽然是孩子,但他们拥有有自己爱好和兴趣的权利,家长不应随便干涉。

(2) 尊重孩子的喜好和兴趣

当今社会,人类的个性和兴趣得到了自由和充分的发展,对于孩子的爱好,只要不是太脱离实际,父母就应该允许孩子自己选择。当然,在承认与尊重的前提下,父母还可以进行适当的引导,培养孩子高尚的趣味和情操。

(3) 不要随便干涉孩子的爱好

父母在准备干涉孩子的兴趣爱好之前,可以先听听孩子怎么说。现在的父母都希望自己的孩子能够多才多艺,,如果家长想让孩子学,一定要先征求孩子的同意,仔细观察,再选择一种比较适合孩子性情及兴趣的才艺。千万不要让孩子一下子接触太多,或强迫孩子学习没有兴趣的东西,否则会破坏孩子以后学习的信心和欲望。

除了爱好,孩子的理想和追求也应得到父母的尊重。

父母在培养孩子时,必须征求孩子的意见,尊重孩子的理想和追求,进而理解孩子的理想,知道孩子的真正需要。即使孩子的理想与父母的期望有一些差距,也要平静地与孩子沟通,在尊重孩子理想和追求的基础上,通过家庭会议,让孩子充分理解父母的想法,然后把选择权交给孩子。对孩子的理想,父母如果觉得合理,就应给予支持。但支持是讲究方法的,应该充分考虑孩子的心理准备和接受能力。

理想有一个渐渐成型的过程,即从一个初步设想到牢固树立的过程。理想在萌发之初需要精心呵护,所以,对孩子的理想,家长不理不睬的态度是错误的,但急于求成、拔苗助长的做法更不对。父母的支持应该建立在对孩子的充分理解和尊重的基础之上,不要在孩子建立理想的初期给孩子太多的压力和警示,这样很容易打击孩子的积极性,使孩子被迫放弃自己的理想。必须以孩子的现实准备为前提,然后进行适当的启发和诱导。这里所说的启发和诱导不是命令和要求,比如,当孩子提出以后想当演员时,家长可以这样说:"当演员也不错。孩子,你觉得演员想要得到人们的欢迎,需要付出多少努力呢?"让孩子自己去思索,这样,孩子才能对自己的理想有更深的认识。

总之,对孩子的理想之苗,父母要一点点地培养扶持,细心浇灌培育,才能长成参天大树。

6.营造和谐快乐的家庭氛围

瑞典教育家爱伦·凯指出:"环境对一个人的成长有着非常重要的作用,良好的环境是孩子形成正确思想和优秀人格的基础。"

第七章 尊重孩子,平等的谈话造就独立的人格

《三字经》中有"昔孟母,择邻处,子不学,断机杼"的传诵名句,孟母的"三迁择邻"、"断机教子"等脍炙人口的故事,成为了千百年来中国人妇孺皆知的历史佳话,是天下母亲教育子女的样板故事。

孟子名孟轲,出生于现在山东省邹城的农村。3岁时父亲逝世,家境贫寒,与母亲相依为命。

孟家最初的住处靠近一片墓地。由于经常看到出殡送葬的人群从附近经过,孟轲与其他孩子就"为墓间之事,踊跃筑埋"。他们模仿送葬的人群,兴致勃勃地玩抬棺材、掩埋死人的游戏。孟母认为这样的环境会影响孩子,妨碍孩子正常思想的形成,让孩子走向不健康的道路,于是决定搬家,带着孟轲迁居到了远离墓地的庙户营村。

庙户营村位于现在的邹城市西北部,当时是一处繁华的集镇。孟轲置身于这人来人往的闹市之中,逐渐又同集镇上的孩子一起玩起了做生意的游戏,与同伴们学习商贩叫买吆喝、讨价还价,还学邻居屠夫杀猪宰羊。孟母觉得这样下去,孩子很容易受小商贩的影响而不认真读书,于是毅然决定再一次搬迁自己的住处。这次,他们搬到了学宫的旁边。这所学宫位于现在邹城南门崇教门外路东,是孔子之孙即子思设宫讲学的地方,后人称它为"子思书院"。

孟母想,孩子在学宫的附近居住,必然会受到学宫气氛的影响,长大以后读书也方便。母子搬迁到这里后,天资聪颖的孟轲果然被书院里的琅琅读书声所吸引,常到书院里跟着学习诗书,演习礼仪。

孟母很高兴自己终于找到了培养孩子的理想场所，从此就在这里定居了下来。后来，孟母把孟轲送入学宫，随子思的弟子学习，使孟子从此走上了学业之路。

孟母是一位颇有见地、善于教子的贤德女性。孟子能够成为中兴儒学的"亚圣"，成为儒家思想体系中地位仅次于孔子的人，都得益于这位母亲的教育，得益于她为孩子提供的良好的成长环境。

孩子绝大部分时间都生活在家里，家庭环境对他们有耳濡目染、潜移默化的教育作用。

孩子模仿性强，这个特点意味着家庭环境对孩子有着重要影响。为此，父母应当向孟子的母亲学习，努力创设良好的家庭环境，促进孩子健康成长。

生活是最好的教材，家庭是除了学校之外的一个特殊的课堂。父母是孩子人生路上的引路人，父母的情操、理智、修养会直接影响到孩子。在每一件具体的事情上，父母的所言所行给孩子的教育和影响，往往胜过平日教子时的千言万语。

著名剧作家沙叶新幽默感极强，其女儿也天生具有幽默细胞，还在童年时，她就对"女大不中留"有过一番妙论："我认为'女大不中留'的意思就是……嗯……就是女儿大了，不能再在中国学习了，要到外国去留学。"后来，她果然去了美国留学。

有一次，沙叶新的女儿回国探亲，她和父母谈起了同在美国留学的弟弟，说弟弟想娶个黑人姑娘。父母不由大吃一惊。"妈妈怎么还有种族歧视？黑人女孩是黑珍珠，身材好极了，长得也漂亮。""我倒没有种族歧视,"沙叶新接话说,"我就担心他们以后给我养个孙子,送到上海来让我们带,万一晚上断电全是黑的,找不到孙子,那不急死我们!"女儿连忙说:"那没关系,断电的时候,你就叫孙子赶快张开嘴巴,不就能找到了吗?"

在这番对话中,父亲显示出了他开阔的胸襟、年轻的心态和幽默的天性,而女儿更是青出于蓝而胜于蓝,一番"唇枪舌剑"为久别重逢的父女增添了一份格外的喜悦。

家庭环境可以加强也可以抑制一个孩子创造力的发展。一个对人、地、事物拥有丰富体验的孩子,能呈现出多样化的可能性和创造力。

爱迪生是世界著名的发明家,一生中共有大大小小的发明2000多种,人们称他为"发明大王"。他出生于美国俄亥俄州一个贫苦的农民家庭,自幼富于幻想,爱动脑筋,特别喜欢鼓捣科学小把戏。

爱迪生只上了3个月的学,就被老师以"低能儿"的名义赶出了学校,这使爱迪生幼小的心灵受到了很大的打击。然而,他的母亲了解自己的儿子,她认为自己的儿子不仅不是"低能儿",而且才华出众。

为了满足爱迪生的发明爱好,母亲专门在地下室里为他开设了一个实验室,支持孩子的小科学试验,这使爱迪生的发明能力得到了充分的激发。

1862年,爱迪生成功发明了留声机,轰动了全世界。

假如没有父母的理解和支持以及为爱迪生创造的自由环

境,即使爱迪生具有好的天资,恐怕也不会在发明领域取得多大的成就。

所以,作为父母,一定要意识到家庭氛围的重要性,不要把家庭变成死板的学校教室,使孩子整日都是在学校的感觉。

愉快的家庭气氛本身就是一种教育,为了孩子的身心健康,请父母让笑声充满整个家庭。

做到这一点并不容易。有位母亲说:"孩子的爸爸在单位上与同事相处融洽,待人谦和,对孩子却是另一副面孔,不高兴就大发雷霆。"为什么,因为父母与子女的关系是感情介入和渗透最深刻的人际关系,爱之深则责之切。再加上父母与子女间心理上没有障碍,语言上没有阀门,所以父母一不高兴,说话上就有点收不住。

要创造和保持美好和谐的家庭气氛,父母首先要克服情绪上的随心所欲。生活中总会遇到各种各样的烦心事,父母在喜怒之间,应随时调整自己的心理状态,力求保持一种平和、明朗、乐观的心境。千万不要把愤怒、怨恨、沉郁等消极情绪传染给家庭和孩子。

(1)让幽默为家庭添乐趣

人人都希望家庭的港湾宁静而和谐,而宁静的生活也需要笑声做点缀,和谐的日子也需要诙谐来调剂。幽默中有自嘲、有宽慰、有机智、有纯真,虽然幽默的情况不同、方式不同,效果却同样神奇,既有教育孩子的作用,又能给家庭平添不少乐趣。

(2)创造自由的家庭环境

心理学研究表明,有利于孩子创造性发展的前提条件是"心理安全"和"心理自由"。

在进行创造性活动时,孩子不希望自己受到嘲笑或干扰,而希望能自由自在地专注于自己的活动。因此,给孩子一个自由的家庭环境十分重要。

(3)让笑声充满整个家庭

"笑一笑,十年少"、"笑一笑,福来到",笑是联络感情的一种妙用无穷的方法。孩子生活在笑脸盈盈、笑声朗朗的家庭之中,必然会心情愉快,产生进取的激情和向上的力量。

(4)打消对子女的过高期望

望子成龙、望女成凤之心可以理解,但当子女由于种种因素,在某些方面不能达到父母的期望时,许多亲子之间的矛盾和冲突就不可避免地发生了,打骂仅是一种感情发泄,对改变子女的现状无济于事。与其如此徒劳无效,不如降低期望值,让子女在没有压力的情况下自己选择前进的道路。

(5)不要过多地干涉孩子的行动

无数事例证明,没有一个孩子是在训斥、干涉和棍棒威胁下成才的。棍棒威吓只能起到暂时性的作用,但不会持久。充满敌意的家庭气氛,过多地干涉、训斥孩子,都是不恰当的。

7.做错了,就真诚地向孩子道歉

身为父母,你对孩子做了错事,会说一句"对不起"吗？或许因为碍于面子,即便你知道自己错了,也还是硬撑着、扮强势。其实,向孩子说一句"对不起",不仅不会有损父母的权威,还能构建起亲子间平等交流的平台。

大人和孩子都避免不了做错事,但孩子向父母道歉的情况比父母向孩子道歉的情况要多得多。因为很多父母觉得,自己处在一种比较高的地位上,为了维护自己的尊严和一家之长的权威,即使犯了错误,也不能向孩子道歉。

教育专家和心理学家们的观点跟父母的恰好相反,他们认为,适时地向孩子道歉有利于改善家庭关系,有利于孩子的健康成长,也有益于提高父母的权威。同时,父母主动、真诚地向孩子道歉,还能起到一个以身作则的表率作用。当他们以一种谦卑、平等、平和的态度来对待自己的孩子时,孩子在以后的生活中也会学到这种好的品质。

所以,做父母的要有一种气度、胸怀,要善于反思自己的言行,若有不妥,应及时、真诚地向孩子道歉:"对不起,我昨天因为公司的杂事而烦躁,没有听完你的解释就大喊大叫,你能原谅妈妈吗?""对不起,孩子,我忘记了我们的约定,请你不要生气了,我们这个周末再去看你喜欢的电影,好吗?"

父母向孩子道歉时,有几点需要注意。

(1)要注意孩子的年龄阶段

相对于年龄小一点的孩子来说,父母其实不用讲太多的道理,不需要说太多的话,只要用一些行动,例如手势、表情、做法等,很自然就可以让孩子知道,在这件事上父母错了,而且父母在向他们道歉。如果孩子知道这种做法是错误的,他们一般就不会再犯类似的错误。但对于年龄大一点的孩子来说,父母在向他们道歉时就必须讲明这件事错误的原因,这也是对孩子的一种间接的启发和教育。

(2)要注意说话的态度

父母道歉时的态度很重要,不能太过于生硬,或者轻描淡写。如果态度错误,即使道歉了,也不能挽回什么,只会加深误解,因为年龄大的孩子能明显感觉到父母态度的不同,意识到父母是不是在敷衍。所以,父母应用真诚的态度来道歉,不要碍于面子或者身份,只是略微地说一下。例如,父亲撞到女儿时,与其说"我不是故意的",倒不如真诚地对她说"对不起,女儿,我撞到你了"。显然,大大方方的道歉比不真诚的辩解更能够得到孩子的尊重。

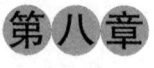

平等交流,把孩子当"合作伙伴"

1.孩子也要给"面子"

为了得到孩子的配合,家长们使用了各种各样的办法,如哄骗、规劝、诱导、命令、威胁、惩罚等,可以说是办法尽施。可是,有多少孩子因为这些手段的运用,而积极地与父母合作了呢?

自从上了小学之后,儿子就特别不听话。江雪每次和他商量事情,他永远都是用"不"来回答,而且总会摆出一副不合作的架势。江雪让他收拾桌子,他不是说要去做作业,就是说自己正忙;如果让他帮忙拿个东西,他也会找个理由推脱掉。

有一次,江雪和丈夫带着儿子外出旅游。在旅游大巴上,江雪和丈夫坐在一起,儿子和一位阿姨坐在前面的座位上。

汽车走了一半,阿姨晕车了。导游小姐想让儿子和这位阿姨换换位置:"小朋友,阿姨晕车了,你可以换到里面去吗?"

儿子看都没看说:"车上这么多人,为什么让我换?"

江雪看到儿子的表现,有点生气,说:"阿姨晕车,坐在外边会方便一些……"

"那跟我有什么关系?"江雪还没有说完,儿子便蹦出了这样的一句话。

"儿子,你再这样,以后就不带你出来玩了!"爸爸看到儿子太不像话,下了最后通牒。可儿子还是一动不动。

……

随着年龄的增长,孩子们了解的事情越来越多,动手能力也越来越强,这会让他们感觉自己是一个完全独立的人,觉得自己很有能力,已经能够脱离父母和他人的管束了。所以,当父母或者他人要求孩子合作时,他们总会尝试着举起自己手上的表决牌,试探下自己的权利。

在和孩子沟通的时候,如果父母的态度专横,经常采用命令的语气,孩子就会觉得很没有面子,从而采取一些对抗的做法。

孩子往往很少关注别人的感受,他们眼中只有自己,完全没有与他人合作的意识。但是,如果父母的期望和孩子的需求实现了一致,彼此之间的合作还是很容易实现的。

通常来说,孩子也是十分要"面子"的,他不希望自己在外人面前是一个没有主见的人。所以,如果父母能够对孩子多一些理解,满足孩子的这种心理需求,就能赢得孩子的好感,孩子也会变得愿意合作。

爸爸给5岁的乐乐买了一种新型汽车玩具。

一次,乐乐正在玩,舅舅家的哥哥来了。哥哥想和他一起玩,但乐乐始终抱着玩具车不肯撒手。没办法,哥哥只好说:"那我不跟你玩儿了。"转身便要回家。

爸爸看到了,说:"将玩具拿给哥哥,快点!"乐乐看到爸爸生气了,很不服气,便将自己的所有玩具都搬进了书房。

爸爸见他这样,气不打一处来地说道:"你这样,看以后谁还会和你交朋友?"

乐乐认识到如果不和小哥哥分享玩具,就会失去一个小伙伴,于是,转而用恳求的口吻说:"我给你还不行吗!"说完,乐乐立即将汽车给了小哥哥,两个人一起玩起了合作游戏。

这一幕恰巧被乐乐妈妈看到了,妈妈对爸爸说:"你怎么能这么对儿子说话呢?当第三者在场的时候,要尽量杜绝用命令的语气跟他说话,否则会让孩子觉得很没面子的!"

作为父母,要多为孩子创造与伙伴交往的机会,在实践活动中引导孩子学会合作,但不要当着其他孩子的面批评自己的孩子。

你可以事先提醒孩子,你希望他在某个场合能有什么样的表现,什么样的表现是你所欣赏的,什么样的表现是会让你感到难堪的。只要父母与孩子之间不存在很大的"冲突",孩子大都是愿意照办的。

2.平等交流,赢得孩子的真心合作

父母必须具有正确的教育观,才能创造出良好的家庭环境。一个民主、宽松、平等的家庭环境,有利于造就活泼开朗的孩子,而在这种氛围中成长的孩子也愿意、乐于和父母一起合作。

但在一些家庭中,父母不太注重尊重孩子,常常以不平等的态度对待孩子,要么强制压服,要么宠爱有加,这些做法都是不妥的!要想让孩子学会和父母合作,父母要先把孩子当成合作伙伴。

那么,父母如何做,才能让孩子愿意合作呢?我们分别对照下面的几种情况,看看不同的家长是怎么做的。

孩子惹了麻烦

一般的父母说:"麻烦死了!""怎么又这样?""你怎么这么笨!"

明智的父母说:"现在,为了解决这一问题,你应该怎么做呢?"接着会让孩子一起解决问题,既不责骂,也不惩罚,有时候还会将解决办法告诉孩子。

孩子将房间弄乱了

一般的父母说:"赶快收拾屋子,否则……"

明智的父母说:"你是现在收拾屋子,还是十分钟后收拾,自己决定吧。"事后,还会表扬鼓励孩子,说:"你的房间收拾得真干净,真棒!"

早晨孩子不想起床

一般的父母说:"赶快起床,这可是我最后一遍叫你了!"

明智的父母说:"早上好!现在七点了,你该干什么啦?"如果没赶上校车,会让孩子自己想办法解决。

孩子想让人帮忙做事情

一般的父母说:"你怎么这么懒?自己动动脑筋。"

明智的父母说:"这是你分内的事,我相信你能做好。"接着,会坚持让孩子"自己的事情自己做",同时还会给孩子指出正确的方法。

孩子不愿意做家务

一般的父母说:"什么时候你才会有点责任心?"

明智的父母说:"饭桌不摆好,我们就不吃饭了。"同时,还会让孩子动手做点家务。

……

遇到类似的情形,我们中的大多数都会像"一般的父母"那样做。其实,这样的说法和做法都是不正确的,对孩子有百害而无一利。

当孩子提出自己的建议和主张时,父母应予以尊重和理解。这样,不但有利于孩子学会合作,对于培养孩子健全的人格和健康的心理也非常重要。

没有哪个父母不疼爱自己的孩子,但要注意的是,教育观念上的偏差、方法上的不当经常会产生适得其反的结果。在父母的溺爱下长大的孩子,通常比较任性、无理,当父母提出合作希望的时候,他们多数会拒绝;而有的父母则过分专制、严厉,孩子顺从得像只"小绵羊",虽然会畏于父母的权威而选择被动地合作,但这种合作不是发自真心,所以效果往往不会太理想。

其实,孩子都有上进心,当他们由于合作而得到父母的肯定、赞扬时,心中会感到满足。随着自尊、自信和上进心的增强,他们会产生更强烈的与父母合作的欲望。

合作是一门大学问!做父母的,要学会和孩子合作,而不是做他们的统治者。只要将合作建立在爱和合理的基础上,就能成功地教育好孩子。

有一家三口到餐厅用餐,服务生询问父母要点什么之后,不忘去亲切地询问旁边的男孩儿:"宝贝,你想吃什么呢?"男孩儿回答说:"我想吃汉堡。"

"不行,今天你要吃蛋挞。"妈妈坚定地说。

"再给他一份蔬菜沙拉。"父亲强调道。

服务生并不理会孩子的父母,而是专注地盯着小男孩:"小伙子,汉堡要加什么料呢?"

"嗯,一点沙拉酱和奶油……"他怯怯地瞟了父母一眼,服务生仍然对他微笑并鼓励着他,于是,他鼓起勇气说道:"还要一份冰淇淋。"

点完单后,服务生径自离开,留下小男孩的父母在那里目瞪口呆。

小男孩的这顿饭吃得非常开心,这种快乐的情绪一直持续到了晚上。妈妈叫他上床睡觉,平时他总会拖延时间,这一天却出人意料地配合,这让妈妈感到十分惊讶。

临睡前,妈妈不解地问:"宝贝儿,你今天怎么这么听话啊?

儿子回答道:"因为我今天过得很开心啊。今天有人问我想要什么,原来我也能够被别人重视啊!"

孩子同成年人一样有思想,他有自己做选择的权力,并希望自己的选择能够得到大人的认同,而这种认同给他带来的不仅是快乐,还有信心!当孩子感到自己被认同和欣赏时,对于父母提出的一些要求,他们便不会太过抗拒,甚至会异常配合。

3.多商量,少命令

喜欢与孩子协商的父母是民主的父母,在这样的家庭氛围中长大的孩子会逐渐养成民主协商的习惯。不管是什么事情,只要涉及孩子,父母都不要自作主张,要学会与孩子协商,取得孩子的认同。

有一天,女儿莉莉回家晚了,一进门便低下了头。
罗娟没有说什么,而是像往常一样,帮女儿拿下肩上的书包:"看你一头汗,快去擦擦!"说完,便钻进了厨房。
当女儿从洗手间出来的时候,罗娟已经摆满了一桌子的饭菜。罗娟说:"这些都是妈妈特意为你准备的,多吃点儿!"
女儿看看妈妈,说:"妈,你也吃!"

罗娟对女儿说:"今天怎么回来得这么晚,我在窗口看了几次,都没看到你!"

莉莉说:"我陪同学买东西去了,所以回来晚了,对不起妈妈,让你担心了!以后我会尽早回家的!"

罗娟说:"妈妈知道你是一个有责任心的好孩子,不会惹麻烦,但妈妈很担心你。以后如果有事情,最好先打电话回来说一下。"

莉莉高兴地亲了一下罗娟,说:"好的!"

罗娟从孩子的角度出发看待孩子的过失,让女儿感受到了父母对她人格的尊重,感受到了她与父母在地位上的平等。

使用商量的语气说话,能让孩子感受到父母对他们的尊重和关心,从而对父母产生一定的好感和信任。这不但有利于促进亲子沟通,也有利于亲子之间更好地合作。

儿子很喜欢收集水浒英雄卡,几乎到了迷恋的程度。为了在最短的时间里收集到更多的卡片,儿子不停地吃干脆面,吃饭自然就少了很多。

爸爸发现了这一点,他知道用大人惯用的警告、批评等方式可以改掉孩子的坏习惯,可他没有那么做,而是决定采用商量的口气,找到更好的办法。

中午的餐桌上,儿子没吃几口饭菜就不想吃了。爸爸同他商量:"你真的不想吃了吗?"

儿子"嗯"了一声,点点头,眼睛盯着爸爸。或许在他眼中,爸爸会因为吃饭的问题惩罚他。

爸爸用一种不急不慢的语气说:"你现在不想吃也可以,但晚餐要到7点钟呢。在下午的时间里,你不能吃其他东西,行不行?"

"那我现在吃了呢?"

"很好,吃饱了饭,下午你就不需要再吃干脆面了。"

儿子显然理解了爸爸的意思。他没有说什么,开始用心地吃饭。

当父母发现孩子出现了什么问题时,要积极地把自己的意见耐心地传递给孩子,让孩子进行思考和判断,然后再行动。同时,还要耐心地听取孩子的想法。将自己置于孩子的思维高度,一定能找到解决问题的办法。

李刚的父母正处于创业的初期阶段,经常顾不了家。李刚的父母将实情告诉孩子:"儿子,爸爸妈妈近期总是很忙,以后没有太多的时间照顾你,该怎么办呢?"

李刚说:"你们要是忙,就不用照顾我了。我会自己安排好学习时间的,同样,我也会照顾好奶奶的。"

看到儿子能够这样做,李刚的父母都很欣慰。从那以后,李刚每天回到家写完作业,都会主动照顾奶奶,有时候,父母回家累了,他还会为父母捶捶背、揉揉肩。

李刚一直都记着父母对自己说的"我们都是家庭中的一员,要相亲相爱、尽职尽责",他做到了,他关心着家里的每一个人,最重要的是,他的学习一点都没有耽误。

第八章 平等交流,把孩子当"合作伙伴"

当亲子关系发生冲突时,很多父母会用自己的权威来压制孩子,希望借此使孩子改变主意,服从自己。但实际上,这样做不仅会使孩子不愿听从父母的意见,还会让孩子产生逆反心理,进一步恶化亲子关系。记住,以协商的口吻来处理亲子冲突,孩子才会心甘情愿地接受父母的建议。

刘柳为女儿蓁蓁制订了一套学习时间表,女儿也同意了按规定玩游戏做作业,到时间就休息。可是有一天,刘柳出差提前回到家,却发现蓁蓁正在房间里聚精会神地玩玩具。

"蓁蓁!"刘柳大喊一声,死死地盯住女儿。

女儿急忙把玩具藏了起来,然后故作镇静地说:"我做了一个小时的功课,刚刚才坐下来休息一会儿。"

"蓁蓁,你真让我伤心,你怎么能这样对待妈妈,你懂不懂这样做会对你有什么样的影响?"看见女儿似乎要申辩,刘柳急急忙忙地制止了她,"不要再解释了,你真是让我太失望了!"

"那你就不要管我好了!"蓁蓁顶了一句。

"什么?"妈妈的眼睛瞪了起来,声音一下子高了很多。

此时,蓁蓁已经有点恐慌了,她在给自己寻找退路。"不管你!这是我的责任,我当然要管。你回房间去想一想,还有……"她忽然想起蓁蓁这个周末要去姥姥家串门,"还有,这个周末就不要去姥姥家了。"

"为什么?"蓁蓁大叫,愤怒像洪水一样扭曲了她的五官。"我要去,我就要去,你是一个坏妈妈。"

看着女儿那种狂怒的表情,刘柳也有些不安。她知道女儿非常盼望能与姥姥相处两天,但她的愤怒和自尊阻止她收回这道

"命令"。

"是你自己丢失了这次机会。"

"为什么?这与玩有什么关系?我就要去,看你能怎么样!"女儿暴跳如雷。

"你马上停止,不然我要发火了!"

"你已经发火了,我就这样,怎么样?"

"啪、啪",刘柳狠狠地在女儿背后拍了两下。

"哇!"女儿哭着冲进了自己的房间,"哐啷"一声将门关上。

随着这两下,刘柳的怒气发泄了出来,却感到十分内疚,并且有一种被击败的感觉⋯⋯

当看到女儿在玩玩具时,刘柳首先想到的是女儿对自己要求的无视,做妈妈的辛苦和委屈一下涌上了心头。盛怒之下,她没有以商量的口吻来处理亲子冲突,没有给女儿任何解释的机会,就妄下结论。

诚然,对孩子不关心、不在意的母亲一定是不称职的母亲,但强求孩子、一旦出了问题就用不正确的方式进行处理的母亲,不管她内心多么关心孩子,也仍是一个失职的母亲,因为她没有做到和孩子进行协商。

无数事实表明,父母以居高临下的姿态来跟孩子说话,反而会使孩子产生逆反心理。只有父母转变姿态,像对待朋友那样去跟孩子商量,才有可能让孩子感受到平等,让孩子乐意和自己合作。

4.大人说话,孩子也有发表意见的权利

生活中经常会遇到这种情况,大人说话的时候,孩子由于好奇心提出疑问或发表自己的见解,但父母却以一句"大人说话,小孩不要插嘴"就把孩子给打发了。

很多父母认为这是合理的,因为在别人说话的时候,孩子突然插嘴打断别人很不礼貌,而且大人谈论的话题,孩子根本不懂,所以没必要让他知道。

如果站在父母的角度,这种做法有一定的道理;但是,如果站在孩子的角度,父母的这句话会让他觉得自己被父母从他们的世界分离了出来,没有把他当成一个平等的交流对象。试想,如果一开始就让孩子有一种不平等的感觉,那在以后的交流过程中,父母该怎么和孩子沟通,怎么了解孩子的想法呢?

饭桌上,妈妈和爸爸在谈论一些问题,8岁的灵灵可能觉得大人们都不理自己,有被忽略的感觉。于是,灵灵夹着菜说:"妈妈,这个菜很好吃,叫什么名字啊?"

爸爸当时正因为工作上的事情心烦,不耐烦地说:"没看见我和你妈妈正在说话吗?大人说话的时候,小孩子不能插嘴,知道吗?"

爸爸本以为这样一句话能把孩子镇压住,可没想到灵灵反驳一句,说:"我和妈妈也正在说话呢!我们说话的时候,你也不

能插嘴。"爸爸听了,顿时被气得哑口无言。

不要以为孩子年龄小就什么都不懂。如果灵灵的爸爸能够心平气和地说:"我和妈妈正在商量正经事,等我们商量完了,再回答你的问题,行吗?"相信此时的灵灵一定能理解爸爸的心情,而不会与爸爸针锋相对。

一般情况下,饭桌上的闲谈,如果是孩子可以参与的话题,父母就应该让他积极参与进来。而且作为家庭成员之一,孩子有权利知道家里发生的大小事情。如果父母实在不想让孩子知道一些事情,那就最好不要当着他的面谈论那些话题。

聪聪的妈妈曾一直认为"大人说话,小孩不要插嘴"这句话是合理的,所以,每当聪聪插嘴时,妈妈都会冒出这句话来制止他的提问。可是,自从知道这句话对孩子的伤害后,聪聪妈妈便决定"戒掉"这句话。

一次,在公交车上,妈妈和小姨聊着天,6岁的聪聪坐在一旁听得很入神。当妈妈和小姨谈论到一部电影时,聪聪插嘴问:"妈妈,你们在说什么呢?那个男的和女的怎么了?"

当时,妈妈很庆幸那句话没有脱口而出,仔细思考了一番后,她解释道:"我们在谈论电影里一个男的和女的要离婚。"聪聪皱了皱眉,问:"他们为什么要离婚?"妈妈回答:"因为他们在一起不快乐。"聪聪似懂非懂地"哦"了一声。

接着,妈妈对他说:"以后大人在说话时,一定要等别人把话说完,你再提问,这样才更礼貌。"聪聪听了,点了点头。

孩子是有求知欲的,也有一定的判断力。如果父母总以"大人的事,小孩别管"来敷衍孩子,就会大大打消孩子探索和求知的积极性。

因此,当大人们在谈论一些适合孩子参与的话题时,父母应该积极鼓励孩子参与其中。

具体该怎么做呢?

(1)把孩子当成独立的人来养育

教育孩子首先要尊重他,他才能学会尊重别人。尊重的前提就是父母要从小把孩子当成一个独立的人来养育,尊重他的表达需要,让他自由发表意见。

如果大人谈话时,孩子在场的确不方便,父母可以用温和的语言告诉他,让他暂时回避;或者转移他的注意力,让他做些别的事情。在孩子还没有学会用恰当的方式发表自己的见解时,切忌大声呵斥孩子,更不能说一些"大人说话,小孩不许插嘴"、"大人的事,小孩别管"之类的话责怪他,尤其不能在外人面前这样责怪他,以免伤到他的自尊心。

(2)给孩子表达的机会

一位母亲带着10岁的儿子去看心理咨询师。母亲喋喋不休地数落着儿子上课做小动作、不按时完成作业、欺负同学等种种恶行,儿子则坐在母亲身边一言不发。

这时,心理咨询师拿出一张纸让男孩画一张自画像。画完后,这个头像没有嘴,问及原因,男孩说:"我在家里只需要耳朵,不需要嘴巴。"

男孩的画表现出了他在家庭中扮演的角色,永远只是一个被训斥者。父母应该认真反省,在生活中,自己是不是也在无形中把孩子说话的权利给剥夺了,从来就没有关心过孩子真正的想法?如果是这样的话,父母就要马上改正,少说一些话,多听听孩子的心声。

(3)告诉孩子打断别人是不礼貌的行为

有些孩子特别喜欢表现自己,听到别人说某件事,就会情不自禁地把自己知道的全都说出来,甚至抢话说。其实,孩子这种表现很正常,他只是希望引起父母的注意。

这种情况下,父母就要多多反省,自己是不是平时对孩子关注得太少了。如果是这样,父母就应该多抽出时间陪陪孩子。

当然,父母要告诉孩子,随便打断别人谈话是对别人的不尊重,是不礼貌的行为,同时还要告诉他在与别人交谈时,要认真倾听对方的谈话,等到别人说完或者询问意见时,再发表自己的见解。

父母之间说话时要互相尊重,语气平和,语言得体,不能轻易插嘴,更不能互相争吵,为孩子作出表率。

(4)大人说话时,适当鼓励孩子参与

平时,父母在聊天时觉得自己谈论的都是"正经事",所以不许孩子参与。其实,从大人的"正经事"中,孩子可以了解社会、了解大人的生活,也可以借此机会锻炼孩子的表达能力和独立思考能力。因此,父母应该多鼓励孩子发表观点。

在日常的聊天中,当涉及一些家庭决策、财政支出等话题时,父母不妨听听孩子的见解。尤其是在商量孩子的事情时,一定要听听他的想法,征求他的意见,让他自己作决定。

一般来说,喜欢插嘴、抢话的孩子思维都比较活跃,能跟得上大人说话的节奏,也能理解部分内容。所以,父母要以积极的态度来看待这种现象。当父母听到孩子正确的插话时,要适当地给予表扬,这样可以鼓励孩子更加积极地思考。当然,允许、鼓励孩子插嘴还要分情况,有些话题不适合孩子参与,父母就不要在孩子面前谈论,或是把他支开。总之,具体情况具体分析,父母要因势利导,引导孩子发表见解,这样更利于亲子间的沟通。

5.主动将自己的感受告诉孩子

每一位父母都希望自己能够与孩子融洽地相处,能够跟孩子进行有效的合作,与孩子建立起和谐的亲子关系。可让人感到遗憾的是,越来越多的父母发现,跟孩子说话成了一件非常困难的事情。有时候,自己急急忙忙地跟孩子讲一件发生在自己身上的重要事情,孩子却无动于衷,一点反应都没有,甚至还没等父母开口说话,孩子就已经厌烦了。

这是怎么回事呢?其实,这种现象并不奇怪。随着孩子们的渐渐成长,他们心中的秘密越来越多,就会变得越来越"排外"。

这几天,由于工作的关系,王女士的心情很不好。她本来想和丈夫聊聊,缓解一下自己的紧张情绪,可丈夫不在身边,想想女儿也大了,她就想跟女儿聊聊。

"闺女,妈妈这几天的心情很不好,能不能陪妈妈说会儿话。"王女士来到女儿的房间说道。

听了妈妈的话,女儿感到一阵莫名其妙,问:"妈,跟我说这些干啥?"

王女士看到女儿的表情,说:"我就是想和你聊聊。"

"妈,您不就是想知道我考试考了多少分吗?跟我说这些干吗?这圈子兜得也太大点儿了吧?有话您就直说吧,我还忙着呢。"女儿漫不经心地回答说。

王女士伤心极了。都说女儿是妈妈的贴心小棉袄,女儿都这么大了,怎么一点不知道体谅、安慰一下妈妈呢?

王女士和女儿之间之所以会出现这样的局面,主要是由于母女长期缺乏良好沟通造成的。其实,孩子是渴望跟父母交流的,但他们需要的是正常平等的思想和感情的交流。

一项调查显示:70%以上的父母承认没有耐心听孩子说话。很多时候,是父母不给孩子沟通的机会。父母们都忙,忙着工作,忙着养家,忙着照顾老人和孩子,一旦有了空闲时间,他们问孩子最多的是他们学习问题。久而久之,孩子就知道,只要父母一开口,肯定就是问学习,因此,他们会回避跟父母的交流。即使父母偶尔心血来潮,想跟孩子说几句真心话,孩子也不会买账。

其实,不知道跟孩子聊什么或者跟孩子交流不下去,说到底还是父母的心态和方法不正确。想要孩子和父母实现良好的合作,父母就要主动将自己的感受传递给孩子。

一天,妈妈来接女儿放学。在回家的路上,女儿说:"我今天敢爬软梯了。"然后一路都在说这件事。女儿一路走一路说,快到家门口时,妈妈突然吼了一声:"你能不能让我清静一会儿!"

有时,父母之所以觉得烦,除了他们自身的情绪起伏外,也跟他们认为孩子的讲述没有提供"有效信息"有关。很多妈妈头疼于孩子"话太多",滔滔不绝,但翻来覆去就那么几句。其实,这与家长的引导无方有相当大的关系。耐心倾听是基础,只要在倾听的过程中抓住一两个点,就能将话题引入有趣的"频道"。这样有意识地引导一两年,孩子的讲述就会变得有条理、有重点、有趣味。

比如上述爬软梯的话题,妈妈可诱导孩子仔细回忆站在软梯上的感受:"有没有小朋友喊加油?""在下面保护你的老师是不是很紧张?是不是对你鼓励地笑?"如此,不仅能教会孩子坚强、勇敢,懂得感谢他人的帮助,也能教会她细致观察生活中的变化。这不只是对孩子品性的锤炼,对她的语言表达和未来的作文表述也有裨益。

在日常生活中,如果我们有什么事情要告诉另一方,或委托他人办什么事,一般都是面对面沟通。其实,除了这种方式,便条虽然写起来简单,但里面也有很多学问。

那么,该如何利用好便条呢?

情景一:

一个孩子总是乱放东西,妈妈对此感到很苦恼。她提醒过孩子很多次,但没有丝毫作用。最后,妈妈想出了一个有效的方法,就是将便条贴在相关的物品上。比如:她看到儿子要将毛巾乱放,便在毛巾架上贴上了一个便条。

小朋友：

请把我放回原处晾干，谢谢！

毛巾

儿子看到便条后，意识到自己乱放东西的行为不好，便马上按便条上写的去做了。

情景二：

一位爸爸看到儿子不收拾东西，很不满意，经常对儿子大喊大叫。有一次，他不想再对儿子大吼大叫，便使用了写便条的方法。

亲爱的儿子：

我知道你忙于运动和学习，但这堆纸需要收拾一下，捆在一起。谢谢！

爸爸

看到爸爸留的便条，儿子感到很开心，因为爸爸顾及到了他的感受，没有当面斥责他，所以，他开开心心地收拾好了东西。

使用便条的方式和孩子进行沟通，少了对孩子的大声喊叫和训斥，既不会伤害他们的自尊，也不会让他们有逆反心理，还能鼓励孩子与我们合作，不留下任何的负面感受，真可谓一举多得。

顾名思义，便条就是方便之条。在孩子的生活中，有许多不方便、不情愿、不好意思的情况，这时候，父母就可以用写便条的方式来解决问题。

凡事贵在坚持，便条具有可重复性、概括性，易于被孩子接受。就算孩子一时想不通，也有进一步思考的时间，不会让孩子感觉受到了强迫。所以，写便条这种方式一定要坚持下来，不能半途而废。

6.真诚沟通,建立信任

父母只有放下架子,在生活中尊重孩子,才能与孩子建立相互之间的信任,成为孩子的知心朋友,实现成功的亲子沟通。

孩子往往喜欢与家庭以外的成人交往,因为那些成人对待他们很像同辈,而孩子在家庭中却感受不到这种气氛。

有些父母对孩子,总像上级对下级那样,只顾强调他们自己的观点与尊严,丝毫不顾及孩子的想法。这样做,不仅得不到孩子的认同,还容易引起他们的反感,破坏父母在他们心目中的形象。

父母和孩子的交往应该是平等和民主的,而不是独断的。孩子在家庭中扮演的虽然是子女的角色,但与父母一样,他们的价值和尊严应该受到尊重。简言之,就是父母要把自己放在一个平等的角度来与孩子交往,才能在教育孩子时,让孩子对自己更加信服。

但父母还应看到,在生活中,光有父母对孩子的尊重是不够的,还要与孩子建立相互的信任,让父母成为孩子的知心朋友。而建立和孩子之间信任的最佳手段,莫过于把自己放到孩子的位置上,站在孩子的角度去看问题。

蔡琳的女儿林达放学回家后抱怨老师当着全班同学的面向她大声斥责。蔡琳听后把腰一叉,用质问的口气说:"你是干什么坏事了?"林达瞪起眼,很生气地说:"我什么也没干。""老师不会无缘无故地斥责学生,你一定是干了什么。"

林达重重地坐在椅子上,一副不开心的样子盯着妈妈。蔡琳继续责问:"那你打算怎样解决这个问题呢?"林达很倔强地说:"什么也不做。"如果再这样问下去,母女之间一定会对立起来,什么问题也解决不了。

此时,蔡琳改变了她的态度,用一种友好的语调说:"我肯定你当时觉得很尴尬,因为老师在全班同学面前斥责你。"林达有些怀疑地看了妈妈一眼。妈妈接着讲:"我上四年级时也发生过同样的事,其实我只是在算术考试时站起来借了一支铅笔,老师就斥责了我一顿,让我下不了台,我感到十分尴尬,也很气愤。"

听到这番话,林达才露出轻松的表情,感兴趣地问道:"真的?我也只是在上课时要求借一支铅笔,因为我没有足够的铅笔,我觉得老师为了这么简单的事教训我,不公平。""的确是这样。但你能不能想出办法,今后可以避免这种尴尬的局面呢?""我可以多准备一支铅笔,那样就不用打断老师讲课而向别人去借了。""这个主意不错。"

想要成为合格的父母,赢得孩子的信任,下面几点可供参考。

(1)对待孩子应真诚

在与孩子的交往中,没有任何虚假,这要求父母要能客观地意识到自己在想什么、感受什么以及做什么。除了自我意识,真诚还意味着向孩子敞开你的思想和感受。当你的工作没有做好时,你可以说你很着急;如果对孩子很生气,直接对他表露这种感受比用隐讳的方式更好。

(2) 放弃大人的成见

父母应该明白,大人的世界是大人的世界,孩子的世界是孩子的世界,这两个世界是不一样的。如果父母硬要用大人的要求来对待孩子,势必会发生许多不愉快。因此,父母应该学会放下自己的成见,试着用"孩子的眼光"来了解和认识孩子。

(3) 学会换位思考

站在不同的位置会看到不同的风景,处于不同的立场会产生不同的观念。作为父母,应该学会换位思考的方法和技巧,当孩子遇到问题时,能够迅速以孩子的位置和角度来看待问题,分析问题。此外,换位思考还是一种了解孩子的真实想法,快速拉近和孩子心灵距离的有效方法。

总之,父母和孩子之间不是上下级的关系,而是一种平等、尊重、关心和信任的友谊关系,这样,父母才能真正赢得孩子的信任。

7.言而有信,许下承诺就要兑现

中国青少年研究中心的一项全国调查表明:中小学生最不满意父母的12种行为中,"说话不算数"占43.6%,排在第一位。

一位小学生在给心理咨询专家的信中伤心地说:"我爸爸、

妈妈说话一点儿也不算数。我爸说,只要我考进前5名,他就带我去坐过山车。可我真的考了第五名时,他却说没时间,下次吧。我妈妈也一样,她说我写完作业就让我下楼和小伙伴玩,可等我写完了,她又让我弹一个小时的钢琴。每到这时候,我都会想起电影《麦兜的故事》,麦兜的妈妈让他吃药,说吃了药病就好了,病好了就带他去马尔代夫。结果麦兜吃了药,病好了以后,妈妈却再也不提去马尔代夫的事了。麦兜再问,妈妈就说,发了财再说吧。我理解麦兜,觉得他和我一样可怜。以后爸爸、妈妈再怎么向我许诺,我都不会相信他们了,全是骗人的!"

对孩子说话不算数的父母,很少用同样的态度对待身边的成年人,因为他们知道"人而无信,不知其可"的道理。但他们认为,对孩子说话算不算数无关紧要,所以"哄孩子"一词在中国很流行,几乎成了父母们的共识。

父母对孩子言而无信,最本质的原因是父母把孩子当做自己的附属品,没把孩子当成独立的人,因而也没有把对孩子的承诺看成承诺。

如果父母不讲诚信,说话不算数,孩子自然会失去对父母的信任。久而久之,孩子就不会和父母说心里话,相互间的沟通会因此受阻,亲子关系也会受到影响。

在孩子眼中,父母就是天,就是地,他们从心眼里崇拜和依赖父母,特别是在10岁以前,父母的每句话对孩子来说都如同"圣旨"一般。一旦孩子发现父母对自己的承诺只不过是一种哄骗,就会大为疑惑和失望:爸爸妈妈都可以说话不算数,这个世界上还能相信谁呢?这种恐慌感会给孩子带来巨大的心理危机,由此引发的对父母权威性的挑战几乎是颠覆性的。

古人很早就知道这个道理,孔子的学生曾参的教子典故,给了现代父母很多启迪。

一天,曾参的妻子要到集市上买东西,小儿子闹着要一同去,曾参的妻子便随口哄孩子说:"你留在家里,妈妈回来杀猪给你吃。"等到妻子回家后,曾参便要捉猪来杀。妻子赶快制止他说:"我刚才只是和孩子说着玩的,你怎么真的要杀猪?"曾参对妻子说:"孩子是不能欺骗的。孩子年幼无知,只会学父母的样子,听父母的教诲。如今你说话不算数,哄骗孩子,实际上是在教孩子说谎。当妈妈的欺骗了孩子,孩子便会觉得母亲的话不可信,以后妈妈再对他进行教育就不会有效果了。"最终,曾参还是把猪杀了,兑现了对孩子的承诺。

父母的行为是孩子学习模仿的对象。倘若父母言而无信,那孩子日后也很难有诚信的美德。

对于孩子,你可以少承诺,但承诺了就要履行。如果因为一些特殊的因素而使承诺无法兑现,父母应及时向孩子解释原因,并用诚挚的态度向孩子道歉,让孩子从心里理解和原谅父母。

父母也有责任告诫孩子不要轻许诺言,一旦许诺,就必须遵守,对自己的言行负责,并对孩子诚信的言行及时予以表扬和鼓励,促使孩子从小养成诚实守信的好品质。

第九章

善于鼓励，
让自信的阳光照进孩子的心

1. 好孩子是"夸"出来的

对孩子的行为进行适度的赞美和赞赏，能让孩子保持好的心境和状态。未成年的孩子对自己的看法完全取决于周围人的评价，特别是父母的评价，哪怕是一句话，或者是一个眼神，都会对孩子产生终生的影响。

妈妈每次要带妮妮去奶奶家，妮妮就特别兴奋，她会以极快的速度收拾好一切，坐在车上等着妈妈。可是只要得知妈妈要带她去外婆家，她的情绪就会一落千丈。

妮妮在奶奶和外婆家简直判若两人。

妮妮每次在奶奶家,都会得到奶奶的表扬,奶奶总是说:"这么好的小孩子真是少见,小小年纪就这么懂礼貌,每次吃东西的时候都知道分给爷爷奶奶。"

而妮妮在外婆家却是另一番景象。一进门,外婆就开始唠叨:"哪有你这样淘气的小女孩啊,男孩子捣蛋还可以理解,女孩子居然也整天搞恶作剧。"面对外婆的批评,妮妮是什么反应呢?她蓬乱着头发,甚至不去擦流下来的鼻涕,一副毫不在乎的样子。

这是什么原因呢?

奶奶总是夸妮妮,于是,听到表扬的妮妮就会按照表扬的那些内容来努力做事,所以越夸越好;而到了外婆家,妮妮总是被训斥,渐渐地,她就会故意向着外婆训斥的那些内容上发展,所以越骂越糟。

孩子就是如此,你认为他是什么样的人,他就会成为什么样的人。所以,教育界提出了赏识教育的理念。如果父母能多多赞赏你的孩子,他就会按照你心目中的形象和标准来要求自己。所以,多对孩子说一些鼓励赞赏的话吧!

在孩子的成长过程中,最重要的是培养他们的自信心,有了自信,孩子才能克服困难,努力进取,获得积极快乐的人生。父母最大的错误莫过于打击孩子的自信心,所以,千万不要说"笨蛋""我看你没救了""把你的嘴闭上"之类打击孩子的话。

李芳是三年级的班主任。上个学期,他们班转来一名女学生,同学们都喜欢叫她的小名萍萍。刚到班上的时候,由于萍萍的基础比较差,所以经常会说"老师,我不会"。刚开始的时候,李芳觉得很正常。可几次下来,李芳发现萍萍已经把这当成了每节课的必有项目,而且越来越频繁。

李芳开始有意无意地观察萍萍。对于一个刚开始学习画画的小女孩来说,萍萍已经画得相当不错了,可她每次都会对老师说"我不会",老师感到很纳闷。不久后的一天,李芳找到了其中的原因。

李芳通过和萍萍聊天得知,妈妈从来都不表扬她,从来都不会将她的画贴在家里的墙壁上。几天之后,当萍萍妈妈来接女儿回家的时候,李芳找了个机会跟她聊了聊。

李芳:"您觉得萍萍现在画得好吗?"

萍萍妈妈:"不好。"

李芳:"那么,您是因为觉得她画得不好,才让她继续画下去的吗?"

萍萍妈妈:"我觉得她比以前画得好了,所以才让她画下去。"

李芳:"您将这个原因告诉萍萍了吗?"

萍萍妈妈:"没有。告诉她,她会骄傲的!"

李芳:"其实,我觉得适当地鼓励鼓励孩子是很有必要的。萍萍在绘画方面很有天赋,从她的年龄来看,已经画得很不错了。"

萍萍妈妈:"还行吧。"

李芳:"萍萍的进步很大,我经常会在课上表扬她,但她好像更需要您的肯定。"

萍萍妈妈:"好吧,我回去试试!"

李芳:"希望我们的配合能让萍萍的进步更大,我相信会的。"

萍萍妈妈:"好的。"

果不其然,在这之后,萍萍的情绪比以前好了很多,在绘画上的进步也很大,下笔慢慢熟练了起来。李芳还是一如既往地表扬她,时常对她翘起大拇指。

过了几天,萍萍妈妈跟李芳说,那张画已经被她贴在了家里的显眼处,家里的亲戚都看到了,萍萍很高兴。

萍萍并非个例,在现实生活中,相似的情况有很多。

不管是在生活中还是在学习中,很多家长都喜欢拿自己的孩子和别人的孩子进行比较,并经常会在别人面前数落自己的孩子:"你看看人家,成绩多好。""你怎么就总赶不上。""你要是有的一半就好了。"其实,孩子是非常希望得到父母的赞赏的。

所以,父母在面对孩子的时候,要学会发现他们的优点,并给予充分的肯定,尤其是年龄小的孩子。很多父母经常会用成人的眼光来看待孩子,认为没有几件事是值得赞赏的。但对于孩子来说,能将一些"简单"的事做好已经很不容易了。其实,良好的习惯和优异的成绩就是由很多"简单"的行为累积而成的。因此,只要有机会,父母就要慷慨地给予赞赏,这有助于增强孩子的自信心。

2.记住孩子那些"特别时刻"

每个孩子都有自己的闪光点,父母要有一双慧眼,善于发现孩子的长处,记住孩子的那些特别时刻。

星期五的下午,幼儿园举办亲子乐园活动,要求家长一起参加。为了记录下孩子的美好瞬间,有的父母还带了相机。

区域活动时,婷婷、安琪、小宇等几个小朋友都选择了建筑区。经过商量,他们决定建一个动物园。婷婷是小组长,给其他小朋友分派了任务。

安琪和小宇一组,负责搭建熊猫馆。他们两个人一边商量,一边开始搭建。小宇跑来跑去,忙得不亦乐乎,他负责运送材料,还时不时地给安琪提些建议:"熊猫长得太胖,门要留得大一些。门外再种些竹子吧,大熊猫最爱吃竹子了。"可是,由于他的身体比较胖,动作不灵活,一不小心碰倒了安琪搭的熊猫馆。

安琪立刻大叫起来:"你怎么这么笨呀!净添乱。我不要你了。"小宇听了她的话,眼里含满了泪水,他垂头丧气地穿上鞋子,默默地走到老师身边,问:"老师,我真得很笨吗?"

老师立刻向他伸出大拇指,说:"你才不笨呢,我刚才都听见了,你给安琪提的那些建议都非常棒。而且,你在给小朋友运送积木时,没喊过一声累,一看就是一个真正的小男子汉。只要你做事的时候再小心一点,你肯定能做得更好。"

听了老师的话,小宇的脸上又露出了自信的笑容。安琪红着脸说:"小宇,刚才是我不好,我们俩重新搭吧!"小宇高兴地点点头。

小宇的妈妈可没闲着,她一直在场外观察。看到小宇搬积木,她拍一张;看到小宇给同伴提建议,她拍一张;看到儿子将人家的房子碰倒了,她也拍了一张……

三天后,当妈妈将这些照片递给儿子的时候,小宇开心地笑了。

只要学会用赏识的眼光仔细观察,再平凡的孩子,我们也能发现他的魅力。事例中提到的小宇,虽然动作不灵活,但他敢想肯干,爱动脑筋,妈妈就是用他的这个长处来表扬他、鼓励他的。

在成长的过程中,每个人都会遇到这样那样的难题,感到彷徨、无助;同时也会取得这样那样的成绩,需要与人共同分享,在他人的赞美声中获得自我肯定。这些时候,就是应该让孩子记住的最佳时期。

父母的一句鼓励,会让孩子获得无穷的力量和勇气;父母的一句赞美,也会让孩子体验到成功的喜悦。尊重和爱是孩子的基本心理需要,由衷地欣赏、赞美孩子,需要父母学会从多个角度发现孩子的闪光点,用发自内心的喜悦感染、打动孩子,使其保持健康积极的心理状态。

(1)用相机拍下孩子的良好行为

今年6岁的果果环保意识很强,她经常把小区里的果皮、纸屑捡起来放进垃圾箱,年前还被小区管理处评为"环保小卫士"。

可是,最近果果保护环境没有以往积极了,因为爸爸妈妈觉得果果环保方面的表现已经受到了肯定，便不再表扬她的这种行为。果果拿回"环保小卫士"的奖状时，他们只是随意看了一眼，就再也没有提起过。果果的积极性受到了打击，慢慢失去了保护环境的兴趣。

为了鼓励女儿，果果的妈妈决定用相机将女儿的良好行为拍下来。从那以后，看到女儿扫地，她拍一张；看到女儿把路边的垃圾捡起，她拍一张；看到女儿帮助了老人，她拍一张……在这些相片的鼓励下，果果的积极性又提高了。

孩子在表现优秀的时候，最期望听到父母的鼓励与肯定。积极的正面肯定能使孩子感受到父母发自内心的爱和喜悦，给孩子带来愉快的心理感受，强化他正面的表现，促使他努力做得更加完美。用相机将孩子的闪光时刻拍下来，可以对孩子起到积极的鼓励作用。

(2)用录音机，全面肯定、赏识孩子小小的优点

用心发现他们身上的优点，细心捕捉他们的每一点进步，及时加以肯定和鼓励，孩子就会在不知不觉中逐步改掉不良习惯，让自己的优秀品质得到强化。

调皮的冬冬经常会给父母招惹一些小麻烦，但有时也会主动做一些好事，比如把摔倒的小朋友从地上扶起来，帮粗心的阿姨找到丢在角落里的钥匙……

看到冬冬帮助人的时候，爸爸、妈妈总会充满喜悦地赞扬孩子："冬冬真懂事，这么小就知道帮助别人，将来长大了一定会很了不起！"

为了鼓励儿子,他们还将对儿子的鼓励话语做了录音。儿子一听到,就会信心十足。在父母的赞扬声中,冬冬一天天懂事了,不再沉湎于捉弄别人带来的小乐趣,而把精力转移到了帮助别人上。

发自内心的赞扬是引导孩子一步步走向真、善、美的动力。父母如果总把眼光盯在孩子的过错上不放,就会心生焦虑,对孩子的教育缺乏耐心与信心,会导致孩子往消极的方向发展。为了将孩子的闪光点保留下来,就要学会利用录音机。

(3)通过画画,赏识孩子的与众不同

世界上没有两片完全相同的树叶,也不会有两个相同的孩子,每个孩子都有自己的特点,都有自己的与众不同之处。

毛毛的性格有些内向,经常会被小朋友冷落。因此,她不太喜欢出门,闲下来时就给家里的小狗洗澡、梳理皮毛,把学习和生活中发生的事编成故事说给它听。

毛毛的父母担心孩子将来不能与人和谐相处,但转念一想,光着急也没有用,不如引导孩子把说给小狗听的故事画下来。之后,毛毛的妈妈将孩子画下的故事投到了儿童杂志,竟然有几篇发表了,这让毛毛感到了成功与快乐。

小朋友们听说了这件事后,也开始要求毛毛讲故事给他们听,时间长了,毛毛的性格逐渐变得开朗起来。

发现孩子具有负面的性格特点时,父母首先要反省自己的教育方式,寻找孩子特殊性格中的积极因素,因势利导,帮助孩子一步步走出狭隘的天地,在人际交往和社会生活中找到更多的乐趣,逐渐成为一个优秀的孩子。

3.孩子努力了,就要及时给予肯定

现在,好多孩子进入社会后,不会做饭,不会洗衣服,甚至连家里的一些简单的小事都不会做,这与家长平时不给孩子肯定有直接的关系。

有两个高中生,一个会做饭,一个不会做,有人问其中的一个人:"你为什么会做饭?"

他回答说:"上小学的时候,我爸爸妈妈经常出差,有一次进厨房炒鸡蛋,爸爸妈妈说我炒的鸡蛋很好吃。妈妈还告诉我说,如果能够在鸡蛋里稍微加点盐就更好了。"

有了父母的肯定以后,他的对做饭的兴趣更大了,不光学会了炒鸡蛋,连做烙饼、饺子、炸酱面、炖鱼、炖肉等也不在话下。这样的孩子将来走入社会,独立生活一定不成问题。

另外一个不会做饭的孩子说:"我才不愿意做饭,因为有一次做饭时,好不容易把饭做好了,我妈一进门,劈头盖脸地骂了我一顿,说:'你这孩子为什么进厨房,烫到手怎么办?煤气泄漏了怎么办?你应该等妈妈回来做给你吃。'"

孩子主动做饭,家长应该给予肯定,但第二位家长却埋怨孩子,不肯定孩子,让孩子产生了错误的认识,觉得做饭是件可怕、危险的事,是大人的事,在这种认识的支配下,孩子自然不愿意做饭。

肯定孩子不是简单地表扬,而是恰如其分地告诉孩子什么地方对,什么地方不对,如何改正,以此来提高孩子独自解决问题的能力。

孩子独自做事情,无论结果多么糟糕,父母都不要急于否定,更不能急着阻拦,应该循循善诱,指导孩子把事情做好,对最终的结果要多加肯定。

教育孩子时,父母不能盛气凌人、居高临下,以免把孩子吓住,使孩子失去自信心。有些不自信的孩子经常会怀疑自己的行为,本来是件简单的事,却总在心里嘀咕:这么做对不对,我得问问妈妈爸爸、爷爷奶奶去。这是孩子没有自信心的表现,与平时父母不给孩子肯定有直接的关系。

那么,父母究竟应该怎么给孩子肯定?

(1)肯定他,即使他未能达到你的要求

父母总会给孩子提出一些要求,可是,如果孩子经过努力还是没有达到父母的要求,父母们应该怎么办?

为人父母者要先学会肯定孩子,积极肯定孩子的努力结果。千万不要采取讽刺挖苦甚至体罚的方式来刺激孩子,那样很容易让孩子对自己失去自信。

鲁鲁上幼儿园中班,由于他生性好动,不是招惹了这个,就是碰撞了那个，因此，小朋友们给他起了一个"惹祸精"的绰号。

爸爸妈妈每天都能收到来自老师和其他小朋友家长的投诉，比如："你儿子今天拿了的东西不还！""你儿子今天把我儿子的手打破了！""你儿子今天拽我女儿的头发！"

刚开始的时候，妈妈还比较耐心，因为她觉得孩子还小，不懂事很正常，但当这样的投诉越来越多的时候，妈妈有点沉不住气了。为了改正孩子的坏习惯，她跟孩子约法三章：不打人、不骂人、不欺负人。

儿子接受了这样的约定，在行为上有所收敛。可好景不长，这一天，妈妈又接到了老师的电话："鲁鲁把一个小朋友的胳膊划破了，请你尽快赶到人民医院。"

从医院回来，鲁鲁看到妈妈很生气，主动道歉说："对不起，妈妈，是我不小心。"

"都打架了，还不小心啊！天天都不小心，别人怎么不打架？"鲁鲁妈妈非常生气。

鲁鲁开始流泪，说："妈妈，我真得是不小心。是我不小心划破的！"

了解到事情的经过之后，妈妈说："虽然你在行为上已经有了很大的进步，这是值得肯定的，可是，你还是要多加小心，千万不要因为自己的无心伤害到自己的朋友。"看到妈妈理解自己，鲁鲁改正错误的决心更大了。

孩子在成长过程中会遇到各种各样的问题，最多的是人际交往方面的问题。很多孩子不知道如何与人交往，不知道如何表达自己的交往意愿，有了矛盾也不知道如何去解决，因而在与人交往的过程中,会出现很多冲突。

对于这类问题,父母可以和孩子"约法三章",不过,当孩子经过自己的努力取得了一些进步时,即使还没有达到你的要求,也应该给孩子以鼓励。

(2)当孩子取得一定成绩时,要给予表扬

儿子很喜欢玩水,陈女士便积极鼓励他和好朋友一起去学游泳,儿子的游泳课上得非常开心。

当儿子学会游泳后,便听从了爸爸的建议,不再上游泳课。可一个月之后,儿子就不干了,坚决要求去上课。

由于一个月的缺席,儿子的游泳速度从原来的中等偏上落到了最后一名。一个月之后,儿子要求报银牌考试,因为他的朋友都报了名。看着那张报名表格,陈女士的心里有点儿迟疑,她觉得儿子过关的可能性不大。可看见儿子满脸兴奋的表情,她还是给儿子报了名。

结果,儿子的银牌考试顺利通过了。陈女士真没想到儿子进步这么快,为了奖励儿子,她决定给儿子买一套他喜欢的连环画!

兴趣是孩子最好的老师,它不仅可以充分调动起孩子自我学习的潜能,还可以让孩子学会坚持。当儿子做出成绩的时候,陈女士给予了积极的肯定。这是对儿子努力的一种肯定,相信会使孩子对自己更有信心。

(3)对孩子付出的努力要看在眼里,挂在嘴上

奖赏是一种对人们行为的肯定,它会对受奖赏人的行为起到一定的强化作用。但是,如果奖赏不够及时,受奖赏者就会出现反应消退的迹象。

一天晚上,小鸣在家里闷闷不乐,妈妈看见后,便问他发生了什么事。

开始的时候,小鸣不肯说,在妈妈的耐心诱导下,小鸣才道出了原委:"班主任说过,谁为班里作出了贡献,就可以获得奖励——小星星。我和几个同学上星期为班里出黑板报,忙了好几天,班主任却什么表示都没有。"

小鸣妈妈想了想,觉得小学三年级的孩子对表扬与否表现出计较是可以理解的,这毕竟是一种追求上进的表现。于是,小鸣妈妈就此事与班主任进行了沟通。第二天,班主任就采取了补救措施,主动为小鸣等几位同学补奖了小星星。

可小鸣晚上回到家之后却对妈妈说:"今天,班主任奖了我们几个出板报的同学小星星,我才不稀罕呢!"

小鸣对班主任是否奖励小星星的前后反应,是一种典型的延迟奖赏效应。如果小鸣的班主任当初能及时地将奖励兑现,对小鸣等几位同学的鼓励将是非常大的。虽然后来班主任采取了补救措施,但小鸣对奖小星星的期望已经大大降低了,甚至还产生了抵触情绪。

由此可见,对孩子承诺下的奖励,一定要及时,否则会打击到孩子的积极性。一旦孩子失望了,即使你试图去弥补,效果也会大打折扣。

4.正面评价孩子,并让孩子无意中听到

从孩子很小的时候起,父母就会对他的脾性、行为、习惯甚至相貌等做出这样那样的评价,可以说,孩子是在父母的评价声中长大的。其实,不管是正面的评价还是负面的评价,都会对孩子的心理造成影响,有的甚至可能妨碍孩子的人格发展。

评价分为积极评价和消极评价,积极评价对孩子的成长起正面作用,消极评价对孩子的成长起负面作用。父母对孩子的成长多给一些积极正面的评价,可以让孩子享受到心理阳光的照耀。

心理学家曾经做过一个调查:孩子最怕什么?研究结果表明,孩子最怕的是没面子。

美国有一个家庭,母亲是俄罗斯人,她不懂英语,根本看不懂儿子的作业,可每次儿子把作业拿回来让她看,她都说:"棒极了!"然后将其仔细地挂在客厅的墙壁上。

客人来了,她总要很自豪地炫耀:"瞧,我儿子写得多棒!"其实,儿子写得并不好,可客人见主人这么说,便连连点头附和:"不错,不错,真是不错!"

儿子受到鼓励,心想:"我明天要比今天写得更好!"于是,他的作业一天比一天写得好,学习成绩也日渐提高,后来终于成为了一名优秀的学生。

这就是爱的真谛。爱能给人勇气,给人信心。你说他行,他就行;你说他不行,他就不行。你为他喝彩,他会给你一个又一个惊喜;你说他不如别人,他会用行动证明他真得很笨。大人就是这样用语言来塑造孩子的。

私下里,父母都很爱自己的孩子,但在公众场合中,往往会不自觉地谈及子女的缺点,不是说孩子懒惰,就是说孩子散漫。如果父母经常这么说,就会给孩子一种心理暗示,他们会只接受你的评价,而不积极地改善自己,最后变"预言"为事实。

有一个小女孩叫兰兰,她三四岁时,总听到妈妈对邻居说:"我们家兰兰就是懂礼貌,来客人还会给人家倒水呢!"兰兰的邻居也有个小男孩叫东东,邻居总是谦虚地回答:"就是,兰兰可懂事了,不像我们家东东,一天到晚就知道瞎淘气,这么大的孩子什么也不懂!"

一个大热天,一位老爷爷来院子里串门。在外面玩的兰兰立刻找来一个大芭蕉扇给爷爷。老爷爷高兴极了,摸着孩子的头说:"这孩子可真懂事,这么小就会照顾人!"而东东则撇了撇嘴说:"就你行,谁都说你厉害。"然后负气地跑开了。

有的父母并不避讳在孩子面前说什么,认为孩子反正未必听得到或听得懂,但事实上,孩子懂的远远超过他用语言所能表达的。所以,别用孩子的语言发展来衡量孩子的理解能力。有时候,即使孩子不能完全听懂你的话,也能从你的声调、表情中略窥一二。

设想一下，某天，你的上司在和老总打电话，你无意中听到上司在夸你，你有什么感觉？孩子也是一样，对孩子的背地里表扬，并让他无意中听到的效果，是你想象不到的。

当然，这种"无意"也是需要一些小技巧的，比如装作"无意"地对别人说"我孩子今天帮了我很多忙……不用我提醒，他也会把自己的房间收拾得很整齐……"或者是在打电话时，假装背着孩子，打电话和老人汇报："你孙子今天可棒了……"注意，所说的事例要具体，要能够根据孩子的不同性格、不同年龄、不同性别等，采用相应的、恰如其分的表扬用语。如果语言比较单一，总是翻来覆去那么几句话，第一次用或许会有些效果，用的多了，孩子就会觉得没有意思，进而觉得无所谓。

总之，家长要随时记得正面评价孩子，并让孩子在无意中听到你对他的正面评价。

5.允许孩子在想象的空间自由游走

所谓想象，就是人在外界现实刺激的影响下，在头脑中对记忆的表象进行加工改造，从而形成和创造新形象的心理过程。

借助于想象，我们可以理解世界上的许多事情；借助于想象，我们能了解古今中外的丰富知识；通过想象，我们还能进行许多创造性的活动。

相比于成人,孩子的想象力更让人惊奇,他们的想象空间是一种无限大的状态。在他们的头脑中,世界上没有不可能存在的事物,没有做不成的事情。拥有丰富想象力的孩子,他的思维也会是跳跃而灵活的。鲁迅先生说:"孩子是可以敬服的,他常常想到星月以上的境界,想到地面下的情境,想到花卉的用处,想到昆虫的语言,他想飞上天空,他想潜入蚁穴。"

德国剧作家歌德小的时候,他的母亲经常讲故事给他听。但她讲故事的方式很是特别,她从来不把故事完整地讲完,而是讲到一些地方就停下来。这时候,母亲就会问歌德:"你认为下面的故事该如何发展呢?"

小歌德根据之前听到的半个故事,自由地展开想象,将故事续说下去。尽管很多时候,小歌德的续说都会和原来的故事大相径庭,甚至故事的发展还会有别于世界上固有的一些规律,但母亲却从来都不会嘲笑他的想象,反而说"真是奇特的想法啊",并鼓励他继续说下去。久而久之,歌德的想象力变得越来越丰富。

可以说,正是由于母亲对歌德想象力的培养,才使得他后来成为了举世闻名的剧作家、诗人。

现在的父母大多会将一个故事完整地说给孩子听,怎样就是怎样,他只要记住就好了。但这样一来,孩子的头脑中就会被塞满许多约定俗成的东西,他的想象力也会因此被束缚住。

其实,想象力在学习的过程中能起到十分重要的作用。就拿孩子读书来说,孩子在看到书上的图画、文字的同时,也是在与书进行沟通,在这个过程中,他可以通过想象将图画、文字编织成的故事转化为头脑中的场景。借助想象,他还能体会故事中人物的心理与感受。

爱因斯坦说:"想象比知识更重要,因为知识是有限的,而想象力概括着世界上的一切并推动着进步。想象才是知识进化的源泉。"无论进行哪一种学习,想象力都是必不可少的,他需要通过想象力来将教科书中的图形、文字转变为自己可理解的知识。而且,想象能力也是构成创新能力的重要因素,现实生活中的许多发明创造都是从想象开始的。因此,父母要重视对孩子想象力的呵护与培养。

那么,父母应该怎样保护和培养孩子的想象力呢?

(1)不要嘲笑孩子想象的不合常理、幼稚与简单

孩子的想象大多天马行空,他会认为汽车不仅可以地上跑,还能在水里游、在天上飞;他会认为石头、家具也有生命,它们同样有感情。每个孩子的想象都是一个完全与众不同的世界。

孩子的想象有时候也会幼稚、简单。在他的认知里,某些事情不过就是"简单的起因、简单的经过、简单的结果"这样一个过程,他不会去考虑许多额外的因素,也不会去深究某些不好理解的东西。

面对这样的想象,父母千万不要去嘲笑他,更不能讽刺或者强硬地去纠正他。否则,不仅会伤害到孩子的感情,还会阻碍他想象力的发展。

父母可以通过各种方式来帮助孩子扩大知识面,比如增加他的阅读量和阅读范围,多为孩子买不同种类的书,让他通过书来了解更多的知识;或者带他去参观博物馆,让他用眼睛"记"住更多的东西,等等。

(2)适当地引导孩子去想象

6岁的艾艾跟着妈妈学折纸,当折好一只小兔子之后,她把它贴到了纸上。妈妈趁势说:"小兔子生活在哪里呀?你看看我们是不是也能给小兔子画上它爱吃的东西?"艾艾听后,拿起笔就在纸上画出了一片绿草地,草地上有两个大胡萝卜,她说:"小兔子最喜欢吃胡萝卜!"

妈妈笑着点头说:"对呀!不过,小兔子自己会不会很孤单呢?"

艾艾一听,也点头说道:"嗯……我要给它找个朋友。"说完,她拿起笔又在纸折的小兔子旁边画上了许多小兔子。艾艾一边画一边给妈妈编了一个小故事……

有时候,孩子的想象力也需要父母引导,就像艾艾的妈妈做的那样。在引导的过程中,父母要注意的是,不要"反客为主"。一定要引导孩子自己去想象,不要代替孩子去想象,否则,他的想象力将无法得到提升。

(3)帮助孩子结合实际去想象

在现实生活中,父母可以让孩子根据一些实际事物去展开想象,通过向孩子提一些"开放性"的问题,引导他用多种答案来回答。比如,带着孩子等公交车的时候,父母可以问他:"如果你是设计师,你想要建造一个什么样的公交车站呢?"以此来让孩子展开想象。

在这个过程中,父母需要注意的是,事物总有两面性,所以,孩子的想象很难只侧重于好的一面或坏的一面。父母要让孩子的想象尽量发散,但也要尽量全面。

训练孩子的想象力,方法并不是唯一的。比如,父母可以让孩子自己讲故事,在这个过程中,孩子要想象故事的人物、情节,想象人物的心理感受,这是一种很好的锻炼,他的表达能力与想象力都能有所发展;或者,父母也可以让孩子用画笔来表达,画画儿也是表现孩子想象力的一种不错的方式;父母还可以让孩子多接触大自然,多动手参加一些劳动实验等活动……通过各种各样的方法,孩子的想象力能得到不同程度的提高。在这一过程中,父母也不要忘了结合孩子的兴趣去培养,这将使他能够充分表现出自己的想象力和创造力。

6.物质奖励不如精神激励

去动物园或海洋馆参观,许多人都会去看动物表演,比如说海豚表演。当海豚按照驯养员的要求做好一个动作之后,驯养员就会从随身的小桶里摸出食物给它,以示奖励。

于是,有一些父母就开始效仿这种方法,将其运用到激励孩子的学习上。只要孩子学得好,就给其一些物质甚至金钱的奖励,并且经常对他许下这样的"诺言":"如果你能考高分,我就给你买……"

一位母亲为了让上小学四年级的儿子好好学习,给他制订了一个奖励制度:平时小考若是能考到90分以上,就奖励10元钱;若是大考能进前10名,就奖励50元;若是能考到前5名,就奖励100元。

开始的时候,这个奖励制度对儿子还是很有吸引力的。他每天放学一回家就钻进房间认真写作业、温习功课,几次考试下来,成绩都很不错。母亲也兑现了承诺,给了儿子奖励。但时间一长,母亲就发现儿子学习的热情远不及开始时那么高涨,学习变得敷衍,还出现了厌学的情绪。母亲只得加大奖励的"筹码",但仍然未见什么成效,她一下子犯了愁。

其实,许多父母都会有这位母亲这样的经历,对于孩子的学习动辄就给金钱、物质奖励,开始的确很奏效,但慢慢地就会出现不尽如人意的结果。于是,父母就会像这位母亲一样陷入苦恼之中。

美国心理学家爱德华·德西研究发现:"一个人进行一项愉快活动的时候,如果对他提供外部的物质奖励,反而有可能减少他对这项活动的兴趣。"

德西曾经做过一个实验:他让一些学生解答妙趣横生的智力题。

最开始,所有的学生答对题都没有奖励。而后,他将学生分成两组,一组学生每答对一道题就奖励1美元,另一组则不奖励。

在两组学生休息或自由活动的时间里,德西发现,有奖励的学生只在拿奖励的时候很卖力地解答,而无奖励的学生却热衷于去寻找答案。也就是说,有奖励的学生对解答这些智力题的兴趣在减少,而无奖励刺激的学生却依然兴趣浓厚。

德西认为:"奖励刺激容易引发人的外部动机,其特点是持续时间比较短；而与之相反的内部动机则是对所从事事情本身的兴趣，它的持续时间会很长。"

由此可见，物质奖励对于人的兴趣发展来说，并没有什么好处，反而会磨灭人的兴趣。父母从这里应该得到启示，用金钱或物质去刺激孩子学习，是不可能激发起孩子的学习兴趣的，相反，还有可能会使孩子对物质利益过分追求，将学习作为与金钱物质作交换的筹码，从而失去学习的真正目的和意义。

尤其是当孩子本身对学习有一定兴趣的时候，父母的金钱物质奖励很有可能会弄巧成拙，使孩子盲目追逐金钱，学习主动性降低，并逐渐失去学习的热情。

那么，不用物质或金钱奖励，父母又该用什么样的奖励来激励孩子爱上学习呢？

首先，父母要搞清楚孩子为什么不爱学习。

有的父母一看到孩子学习成绩不好，就说："你必须努力，你只要能考出好成绩，我就奖励你。"然后就是罗列出要么是红包、要么是丰厚物质的"奖品"名单。

但父母是否清楚，孩子究竟为什么不爱学习呢？他真的只需要有人刺激他一下才会努力吗？还是说，他其实是在学习上有问题需要解决？父母不问原因，只是给孩子金钱、物质奖励，这样激发孩子学习的做法，没有对症下药，当然也不会产生好效果。

所以，当看到孩子学习成绩不好或开始下降的时候，父母不要直接用奖励，尤其是金钱、物质奖励去刺激他。而要先搞清楚孩子的学习究竟出了怎样的问题，是在学习上偷懒了，还是没有听懂教师的讲解，抑或是他对知识的理解有偏差？在明了这些问题之后，父母应该有针对性地帮助孩子解决问题，一旦他"茅塞顿开",即使父母没有奖励,他也能自觉地努力学习。

在搞清楚孩子不爱学习的原因之后,父母便可以着手培养孩子良好的学习习惯。

教育家叶圣陶先生说:"好习惯养成了,一辈子受用;坏习惯养成了,一辈子吃它的亏。"孩子的学习也一样,拥有良好学习习惯的孩子,父母就用不着挖空心思地用各种奖励去刺激他学习了,他会自觉地投入知识的海洋,并且学有所成。

2009年高考,广西理科状元是一名叫黎璇的女生。当外人问她的母亲有什么教育经验的时候,她说:"这要归功于女儿从小养成的效率高、时间观念强的学习态度。"

在黎璇很小的时候,母亲就开始培养她独立看书、学习的习惯,还告诉了她一个道理:做任何事情都要认真做完之后,才能去做其他事情。这样,黎璇从小就养成了自觉、独立的学习习惯,她非常重视课堂效率,几乎不会将难题带回家里解决。学习效率高和时间观念强,正是她最终取得成功的关键。

通过黎璇的例子,父母应该多多思考,与其在后来不停地用奖励来交换孩子的好好学习,倒不如最开始就让孩子培养起认真学习的好习惯。

其实,奖励不一定非要是物质的,父母也可以适当地给孩子一些精神奖励。比如,当孩子取得好成绩的时候,父母的真心夸奖会使他产生荣誉感,从而更加努力学习;如果是低年级的孩子,父母可以为他准备小红花,给予孩子微笑、拥抱、亲吻,或是对他的成就竖起大拇指;若是孩子有一段时间表现得很好,父母就可以说:"我们给你准备了特别的奖励,以表扬你的良好表现。"然后可以带他去看有意义的电影,给他做一顿他爱吃的饭菜,或者去做一次旅游放松身心,等等。

父母的这些精神奖励会让孩子感觉好好学习是一件好事情,取得好成绩也是一件好事情,如此,他就会继续发扬刻苦精神,努力学习。

7.会玩儿也是好事

父母总是说孩子"整天就知道玩,一提学习就没精神"。但父母有没有想过,孩子为什么会一提学习就泄气?面对这个问题,有的父母会说:"那还用说?就是没有学习精神,太贪玩。不好好管管是不行的。"

孩子其实是很单纯的,他会直接对自己不喜欢的事物表现出厌倦,而对他感兴趣的事物,即使没有任何人去督促他,他也会很自觉地去努力做好,甚至还会为此废寝忘食。想必许多父母都看到过这样的场景:当孩子喜欢打篮球的时候,他恨不得将所有时间都用来打篮球,不厌其烦地一遍又一遍把球扔来扔去,不管天气多热,也不管出了多少汗。为什么?因为他对打篮球感兴趣。假如孩子对学习也如打篮球这么有兴趣,那父母何愁他学习不好呢?

但爱玩的孩子就一定不好吗？他就一定没有什么前途可言吗？当然不是。

微软公司创始人之一比尔·盖茨的起步是从计算机编程开始的，而他对计算机的热爱则是从中学起编写游戏程序开始的。看起来，比尔·盖茨最初在做的事情是编程，但其实他编程的目的就是自己动手编写游戏，这个目的简单而又明确，就是"玩"。他就这样玩出了名堂，玩出了一家在个人计算与商业计算软件、服务和互联网技术方面都是全球领导者的微软公司。

由此可见，会玩也是一件好事，因为会玩的孩子非常有可能在他玩的那个领域做出成就。所以，父母不要再粗暴干涉孩子的玩耍了。

想让孩子既会学习又会玩儿，父母应该怎么做呢？

(1)不要动辄训斥孩子"爱玩"

孩子玩的时候，没准就是在开发他的天赋，也没准就是在发展他的兴趣。父母无法读透孩子的思想，又如何能知道孩子的"玩"只是傻玩儿呢？

所以，父母不要动辄训斥孩子爱玩，要有一双能细致观察的眼睛，要能看到他行为的真正目的。父母可以和孩子多交流，了解他的想法，了解他行为的真正意图，适时给予帮助和引导，让他在玩的同时也能够学到知识。

(2)别给孩子的学习规定硬性的指标

父母喜欢对孩子说这样的话："你一定要好好学习，将来才能有出息。"要不就是直接给孩子订一个目标，让孩子必须达到某一个高度。父母的期望是好的，但若是总用这样的期望来教育孩子，就会给孩子带来极大的压力。

一位教育家曾说:"什么是负担?他不喜欢的事情,你叫他做1分钟,这就是负担;他喜欢干的事情,干到废寝忘食,也不是负担。"放到孩子学习这件事上来说,就是当父母让孩子为了某个目的而去学习的时候,他对它的兴趣就会大大减少。在孩子看来,这样的学习就是一件苦差事。而且,他还有可能将学习理解为"为达到某种目的的手段",一旦目的达到了,学习也就不再重要了。这样一来,他将彻底曲解学习的根本意义。

所以,若是父母想要孩子将玩的劲头用在学习上,最好不要给孩子的学习规定什么硬性的指标,只要孩子努力了,还有什么比快乐学到知识更重要呢?

(3)要给孩子一个宽松的学习环境

无论做什么事情,在心情放松的状态下才能做到最好,学习也一样。

有一些父母,总是猛抓孩子的学习,恨不得每分每秒都不放过。他们会在孩子身边像看守一样盯着他学习,也会时刻"惦记"着他是不是英语单词还没背、数学练习还没写,甚至觉得孩子不能有玩耍的时间,"有那工夫,多写篇作文多好"。在这样紧张的环境下,孩子被压得透不过气来,久而久之,势必会对学习产生排斥甚至厌烦。

所以,父母要尽量让孩子在宽松的环境下学习,比如不要陪(实际是监视)着他写作业,不要总询问他有关学习的事情,让他自己合理安排学习与玩耍的时间,等等。父母要明白,不是所有人都能成长为爱迪生,也不是所有人将来都必须要做爱因斯坦。让孩子自由地吸收知识,让他拥有快乐幸福的人生,这才是最重要的。

(4)不要剥夺孩子玩耍的权利

一个上小学五年级的男孩,妈妈在他小时候就教育他要认真学习,不能玩耍。在妈妈的教导下,这个男孩的学习成绩果然很优秀。

但有一天,男孩却对妈妈说:"我不想上学了,在学校里,我一个朋友都没有。"妈妈惊讶地说:"你可以去找同学们呀?"但男孩摇了摇头说:"他们不是打乒乓球就是下跳棋,但这些我都不会。我去了,他们都觉得我玩不好。"妈妈听后,忽然沉默了,她也发现,最近儿子变得越来越内向,没有一点男孩子气,这究竟是怎么回事呢?

心理学家研究认为:"游戏是为儿童提供充分刺激的最有效的活动。"

这位妈妈在孩子小的时候就剥夺了他玩耍的权利,这才是导致他没有朋友、不能和同学正常交往的直接原因。

所以,父母要吸取这个教训,在孩子应该玩的时候放手让他去玩。孩子可以从玩耍中学到许多东西,如创造力、应对能力、合作能力等。在玩耍的过程中,孩子还能锻炼身体,促进大脑和身体的发育。最重要的是,玩耍可以给孩子的童年留下快乐的回忆。如果孩子小的时候缺失了这项活动,那他的损失将是不可估量的。

(5)可以从玩中培养孩子的自信

孩子一旦拥有了自信心,他再面对一些事情的时候,就会显得轻松许多。而对于父母来说,教育孩子的一项重要任务并不是提高他的学习成绩,而是帮助他培养起足够的自信心。

(6)不要让孩子肆无忌惮地玩

允许孩子玩,但也不能让他肆无忌惮地玩。若是孩子玩起了危险游戏,或者涉足了不利于身心健康的领域,他的玩就变了味道。媒体上也不乏类似的报道,说有的孩子因为玩网络游戏,感觉杀人很刺激,于是在现实中也拿起了刀;有的孩子觉得偶尔"玩玩"毒品没什么,于是把自己"玩"进了监狱,甚至"玩"上了人生的末路……所以,父母要让孩子"玩"对方向,要让他的玩与学习相辅相成。孩子只有会玩也会学,才能有所成就。

第十章

言传身教，培养孩子优良品格

1.让孩子养成为他人着想的习惯

现在的孩子几乎都是独生子女，习惯了自我为中心，只为自己考虑，很少考虑家人或者他人的需求，自私似乎成了一部分孩子的代名词。孩子的这种自私行为将影响到他的人际交往，这些孩子不能善解人意，不爱关心别人，不愿帮助别人，不会与他人合作，很难给人留下好印象，更难受到人们的欢迎，长大以后往往会刚愎自用，无法处理好人际关系，甚至会产生社交恐惧症。所以，家长在日常生活中应当帮助孩子摆脱这种自私自利的性格缺陷，让孩子学会换位思考，替他人着想，从小养成为他人着想的习惯。

有个小男孩患了一种罕见的疾病,四处求医,仍不见效。不仅如此,为了医病,家里所有的积蓄都花光了。后来听说有个老中医能治,母亲便背着男孩前往。可这个老中医的药很贵,母亲只得上山砍柴卖钱为孩子治病。一包草药煎了又煎,一直到味淡了才扔掉。

有一天,小男孩发现,药渣全部倒在路口上,被许多人踏着。小男孩问母亲,为什么把药渣倒在路上?母亲笑着告诉他:"这样人来人往的,别人踩了你的药渣,就能把你的病气带走,你的病就能好得快些。"

小男孩说:"这怎么可以呢?我宁愿自己生病,也不能让别人也生病。"听了小男孩的话后,母亲再也没把药渣倒在马路上。

日子就在母亲不停的砍柴与期待中一天天过去。

有一天,男孩发现自己能够站起来了,他跌跌撞撞地冲向后门,想把这个消息告诉还在深山砍柴的母亲。推开门一看,是一条通向山里的小路,水晶一样的月光静静垂下来,路面铺满了一层稠厚稀烂的东西,是药渣,那条路没有人走,只有母亲每天砍柴时经过。

生活中,当我们面对某一问题时,如果只是从自己的利益得失出发考虑,而置别人于不顾,就会失之偏颇,甚至伤害到他人。

自我中心观人人都有,只是程度和发展速度上有所区别。如果自我倾向过于严重,就会出现问题。这样的孩子往往会把所有的注意力集中在自己的利益和需求上,他无法接受别人的意见,无法理解别人和自己不一致的地方,更不能接受别人分享自己的一点点东西。他不懂得除了自己的观点之外,还有别人的观点。

孩子过分的自我中心观和不恰当的教育方式有着很大的关系。为了让孩子健康成长,每位家长都应该引起重视,让他学会换位思考,让他能够装得下别人,从而使别人也容得下他。

(1)为孩子营造换位思考的环境

家庭中,有些父母不会换位思考,就会深深影响到孩子。所以,家长要学会换位思考,给孩子营造换位思考的家庭环境,让孩子从中得到启发和感染。

期末考试结束了,林蓉取得了全班第一的好成绩,她回家后把这个喜讯告诉了妈妈。偏偏妈妈这天正为工作上的事情而烦恼,又在厨房忙碌,所以根本没有心情分享女儿的喜讯,而是说:"去,去,一边待着去,别来烦我!"

听了妈妈的话,林蓉的心情糟糕透了,她默默地走进了自己的房间。

爸爸下班回来后,看到女儿闷闷不乐,就问:"怎么啦,我的小公主?"

林蓉将事情的原委告诉了爸爸。爸爸拉着她的小手,说:"你妈妈真是太不像话了,工作不顺心很正常嘛,干吗要对我们的小公主乱发脾气,咱们也不理她……"

爸爸还想说什么,这时女儿答话了:"爸爸,我知道妈妈心情不好,她也是在为咱们的生活着想。"

爸爸听了这话,开心地笑着说:"女儿真懂事。其实妈妈挺不容易的,咱们是不是该让她三分呢?"女儿点点头。

爸爸接着说:"她是你妈妈,长你一辈,你是不是应该尊重她三分呢?"女儿再一次点点头。

爸爸又说:"她一直为咱们家做饭、洗衣服,可辛苦了,是不是该敬重她三分呢?"女儿再一次点点头。

说到这里,爸爸看着女儿说:"如果妈妈向你道歉,你是不是能原谅她呢?"这时,在门外站了很久的妈妈进来了,她诚恳地向孩子道了歉。

故事中的爸爸是睿智的,他从女儿的角度出发,考虑到女儿的感受,与女儿的沟通自然就比较顺利,同时也让女儿学会了站在别人的立场考虑问题,理解妈妈的不容易。所以,如果你想让自己的孩子懂得为他人着想,一定要首先学会站在孩子的角度考虑问题。

(2)教孩子体验别人的感受

心怡从小跟着爷爷奶奶长大,渐渐养成了骄横、任性、自私的个性。爸爸把心怡接来和自己一起住时,发现了她的这些缺点。

一天,心怡打扮得非常漂亮,打算和爸爸妈妈到游乐场去玩。正要走的时候,邻居家的小妹妹闯了进来,要和心怡玩,还没经过心怡的同意,那个小妹妹就拿起沙发上的洋娃娃摆弄了起来。心怡非常反感,她立刻夺过洋娃娃,把小妹妹推出家门说:"你快走吧,我和爸爸妈妈要去游乐场了!"心怡的行为将小妹妹惹得哭着回了家。

在去游乐场的路上,爸爸问心怡:"孩子啊,如果你去小妹妹家找她玩,她不仅不让你玩她的玩具,还要把你赶走,你会高兴吗?"

"当然不高兴!"

"如果小妹妹说,早点去游乐场,早点回来,等回来后再跟你一起玩,你会怎么说?"

"我会说,你一定要早些回来哦。"

"那你再想想,刚才你把小妹妹推了出去,做得对吗?"

"不对。如果我告诉她我会早点回来,下午再和她玩,她就不会哭鼻子了。"心怡懊恼地说。

"那我们就早点回去,你再去找小妹妹,和她一起玩,好不好?"

"好啊,我还会跟她道歉。"心怡认真地说。

在以后的生活中,爸爸总是这样教育心怡,让她体验一下别人的感受。心怡也渐渐变成了一个大方、受人欢迎的孩子。

孩子是最单纯善良的,当他知道自己的一句话、一个举动伤害了别人,给别人带来了烦恼时,他的心里就会非常不好受。所以,家长要做的就是让孩子充分体验到别人的不快乐,让他知道自己的言行给别人带来了怎样的伤害。这样,孩子才能学会换位思考,从而懂得体谅别人、尊重别人,同时也得到别人的尊重。

2.鼓励孩子正确交友

当今社会流行这样一句话:"不要和陌生人说话。"在家里,有的父母用这句话教育孩子:"陌生人是坏人,会把你骗走。"正是这样的教育误导了不少孩子,导致有的孩子没有勇气和陌生人说话,就算在外面迷路了,也宁可自己糊里糊涂地走,不敢向陌生人问路。

陌生人并非坏人的代名词。鼓励孩子和陌生人交流,对培养孩子和家人以外的人进行正常沟通的能力很有帮助,可以辐射到孩子成长的各个环节,提高孩子的自信心、社交能力、胆量、待人接物的能力、辨别是非善恶的能力。所以,父母要鼓励孩子和陌生人说话,鼓励孩子和陌生人交朋友,让孩子拓展自己的人脉。

如果你的孩子走到哪里都能与陌生人轻松地攀谈,完全不是那种缩手缩脚、面露胆怯的样子,表现得非常轻松、大方、自然,那是一种多么让人兴奋的感觉!想让孩子做到这一点,就要从小鼓励孩子和陌生人说话。

(1)鼓励孩子和优秀的同学交朋友

"近朱者赤,近墨者黑。"环境对孩子的成长和成才有着重要的作用。多和优秀的同学接触,和他们交朋友,孩子就能从他们身上学到更多优秀的品质和能力,这对提高孩子说话办事的能力很有帮助。相反,如果孩子不慎交上不好的朋友,他就很容易出问题。

李强和陶峰是同班同学,因为有相同的兴趣——踢球,所以接触较多。李强原本成绩不错,但在贪玩的陶峰的影响下,他慢慢地变得经常迟到、早退,有时候甚至逃课。起初,李强只是和陶峰交往,但慢慢地,李强认识了陶峰的很多朋友,而那些人都有些流里流气,喜欢抽烟,不爱学习。

在那些人的影响下,李强的成绩开始退步,他学会了上网打游戏,学会了抽烟,学会了很多不良的习惯。原本李强在班里的人际关系不错,但现在大家见他厌倦学习、不思进取,都开始相继远离他。

人们常说,看一个人,可以先看他的朋友是什么样的人。如果孩子和品德不好的人交朋友,别人一看他那些朋友,就知道他也不是个好孩子,这会直接影响到他的人际关系。

同样的道理,如果孩子和优秀的同学交朋友,那他就能给周围的人一个较好的印象,同时还能从优秀的同伴那里学到很多优点,有更多的机会提高说话和办事的能力,当他遇到困难时,也能从那些优秀的朋友那里获得帮助。

(2)鼓励孩子和人缘好的人交朋友

每位家长都希望自己的孩子能有很多朋友,有很好的人缘,生活得开开心心。其实,教孩子交朋友的方式有很多,鼓励孩子和人缘好的同学交朋友就是一条捷径。

与人缘好的同学交朋友,孩子可以学到为人处世的技巧,也能接触到更多的朋友,这有利于孩子拓展自己的人脉,在学习和做事时得到更多的帮助。

陈丽丽身材矮胖,有一张大圆脸,她虽然是一个女生,性格却很男孩子气。陈丽丽十分活泼,特别喜欢开玩笑,总是冷不丁地给人说个笑话,让人捧腹大笑。她用活泼和豪爽的性格吸引了班里的男生,用热情和幽默吸引了班里的女生,人际交往可谓顺风顺水,大家都很喜欢和她玩。

有一个特孤僻的男生叫陈贵钢,陈丽丽的一件事让他深受感动,他因此变得不再那么孤僻。

那次陈贵钢感冒了,全身无力,当天正巧是他打扫卫生。陈丽丽看到他身体不舒服,马上过来询问,之后便叫了几个同学帮忙,三下五除二就把卫生打扫好了。陈丽丽看到陈贵钢连走路都走不稳,马上让几个男生把陈贵钢扶到学校的医务室,经过医生的诊断和治疗,陈贵钢的病情得到了控制。

这件事让陈贵钢记忆深刻,他说:"以前我没有意识到和人缘好的同学在一起有这么多好处。当我遇到困难的时候,她一声吆喝,同学们都愿意在她的带领下来帮助我。"

显然,人缘好的孩子是很有影响力的,只要他开口,其他同学大都愿意帮忙。因此,如果你的孩子和人缘好的同学交上了朋友,那么当孩子遇到困难时,人缘好的同学就会尽力地帮忙,即使那位同学本人没有能力帮忙,他也会调动自己的人际关系来帮忙,这样,你的孩子还有什么困难是克服不了的呢?

(3)鼓励孩子和性格开朗的同学交朋友

鼓励孩子与性格开朗的同学交朋友,对培养孩子与人打交道的能力和习惯很有帮助。性格开朗的孩子大多喜欢与人交流，和陌生人打交道的时候也非常自然大方。内向的孩子在性格开朗的朋友的影响下，不但可以提高沟通的能力，还能锻炼办事的能力。

自从和班里性格开朗的张芳成为好朋友后，刘岳峰的学习积极性骤增，学习成绩也有了明显的提高。刘岳峰在日记中记录了他们在一起讨论学习方法与争论难题解法的情况，他说张芳很阳光，在她身上学到了如何缓解学习的压力，如何排除烦恼。慢慢地，刘岳峰脸上多了笑容，少了愁容，对待别人也热情了。

有一次，刘岳峰生病在家休息，每天都有同学来看望他，帮助他补课。这一天，张芳来帮刘岳峰补课，他们为了一个题目的解法争论了起来。刘岳峰原本生病体弱，在讨论题目的时候却丝毫不示弱。争论完之后，张芳又跟刘岳峰开玩笑，逗得刘岳峰忘记了病痛。几天之后，刘岳峰身体就康复了。

性格开朗的孩子常常满脸堆笑，遇事不会消沉，有着乐观的生活态度。家长鼓励孩子和这样的人交朋友，对锻炼孩子的心态和办事能力是很有帮助的。比如，当孩子遇到困难时，性格开朗的朋友会安慰他、鼓励他、帮助他，这样，孩子就不会觉得压力有多大，进而顺利地把事情办好。

另外，活泼开朗的孩子思维活跃，勇于探索，适应能力强，对周围的事情能够保持一种乐观的态度，对人非常热情，乐于与别人交往和帮助别人，并且能够通过自己的活动不断地获得新知识、新信息,不断地完善自己。让孩子与这种同伴交朋友,不但能使孩子变得更加热情和积极向上,还能学到更多的独立生活的能力。

3.文明礼貌是孩子的"身份证"

"礼"作为一种具体的行为,是指人们在待人接物时的文明举止,也就是现在所说的礼貌。

礼貌是社会交往中的行为规范,也是人们个人修养的体现。"有礼走遍天下,无理寸步难行。"从这个意义上讲,没有礼貌的人是举步维艰的。

礼貌是人们的道德准则,是人与人相处的规矩。心理学家认为,礼貌归根到底是习惯的问题。一个不懂礼貌的孩子很可能会成长为一个不懂礼貌的大人,而不懂礼貌会使他在社会竞争中处于劣势,在工作中很难获得同事的尊重和友好协作,在生活中也不易获得友谊和自信。所以说,要使孩子成长为有所作为的人,父母应该教孩子从小懂礼貌、讲文明。

但遗憾的是,礼貌常常被不少家长视为小节而忽视。在现实生活中,有些家长认为,现代社会是个自由的社会,懂不懂文明礼仪没关系,只要学习好、有真本事就行了;也有些家长认为,小孩子天真无邪,长大了自然就会懂得文明礼仪。这些都是误解。

文明礼貌是孩子做人的"身份证",是孩子随身携带的"教养名片"。一个有教养的孩子必然有良好的文明礼仪,这样的孩子更加受人欢迎,也就是心理学上所说的"被众人接纳的程度高"。礼貌要从小培养,否则就会形成坏习惯,一旦形成坏习惯,再改就难了。只要家长们从思想上认识到这个问题的重要性,并在生活中给孩子以正确的引导,就一定能够培养出讲文明、懂礼貌的孩子。

高妙是一个小学五年级的学生,她性格比较内向,不爱说话。有一天放学,高妙的妈妈去学校接她,在校门口,母女二人与某位老师模样的人迎面相遇。老师略微一怔,走了过去。高妙告诉妈妈,刚才走过去的是自己的数学老师。妈妈问道:"为什么不和老师打招呼呢?"高妙回答说,数学老师是另一个班的班主任,只给他们代课,说不定不认识自己。妈妈听后,耐心地开导孩子:"见了老师应该有礼貌,要主动打招呼。老师即使还认不准你,你也要尊重老师。"从这以后,每当遇到老师的时候,高妙都会主动打招呼,老师也夸她是个懂礼貌的好学生。

培养孩子的礼貌修养,做父母的责无旁贷。礼貌既是礼仪规范,也是社交技巧,更是人与人之间沟通的基础。只要从日常生活的点点滴滴入手,耐心地加以指导,孩子自然就能养成礼貌的行为习惯。

培养孩子文明礼貌的习惯,可以从以下几个方面入手。

(1)给孩子树立文明的榜样

古语说:"己正而后能正人。"想让孩子礼貌待人,家长必须自己先作出表率。家长的身教是对孩子最生动、最实际的教育,所以,家长应充分利用家里来客的有利时机提醒孩子,给孩子作示范,使孩子在亲身体验和实践中理解文明、礼貌、热情的含义,潜移默化地影响孩子,使孩子在耳濡目染中逐步形成礼貌待人的品德。家长决定孩子90%以上的素质。

(2)训练孩子的礼貌言行

如果孩子和长辈说话时没有使用敬语"您",家长要言语恳切地教导孩子,并教孩子练习说上几遍,直到孩子说正确了为止。这样做的目的是为了让孩子意识到和长辈说话应该讲礼貌、有礼节。当家中来客人,家长应该要求孩子主动和客人打招呼,客人告辞时,要求孩子把客人送到门口或电梯口。

(3)为孩子讲解待客的规矩

家长要给孩子讲解待客的"规矩",使孩子懂得一定的行为规范。如亲友来访时,听到敲门声要说"请进";见了亲友按称谓主动亲切问好;拿出点心、水果等热情地请客人吃,不应显出不高兴的样子或独自去吃;当大人谈话时,孩子不应随便插话;小客人来,应主动拿出玩具与小客人玩;共同进餐的人未完全入席前,不得动餐具自己先吃;客人离开时要说"再见",并欢迎客人再来。

(4)鼓励孩子直接参与接待

客人来时,家长要鼓励孩子直接参与到接待中,可以让孩子参与一些力所能及的待客活动,这样,不仅能满足孩子想要与客人接触的心理,还能使孩子待客的动作和技巧得到练习并逐步形成习惯。

(5)帮孩子掌握必要的礼貌常识

帮孩子掌握必要的礼貌常识包括两方面内容:语言和行为。

文明礼貌语言要求不说粗俗的话,日常用语包括"你好"、"早上好"、"见到你非常高兴"、"欢迎光临"、"晚安"、"再见"、"欢迎再来"、"对不起"、"没关系"、"谢谢"、"请"等。

文明行为包括见面或分手时打招呼、握手,与人交谈时,眼神、体态和表情要体现出对对方的尊重,比如,与别人说话时眼睛要看着对方,与别人说话时眼睛看着旁边,是一种很不礼貌的行为。

4.让孩子学会说"谢谢"

"谢谢"这一深含文明、礼仪的词语,让人欣喜,让人心仪,让人感动。对于他人的给予和帮助,我们送上一个笑容和一句真诚的发自内心的"谢谢",不仅能表达对别人的感谢,更能促进人与人之间的和谐。

一个小县城的一所中学开家长会,来了几十位家长,几个女同学负责接待。可她们根本不懂接待是什么意思,只是把家长们迎进来,让座,倒茶,闲下来的时候就开始窃窃私语。交头接耳的女孩子们把眼光集中在了一个人身上,那是转学来的一位同学的母亲,来自北京。她的容貌并不出众,衣着和发式也不是很时髦,可女孩子们用她们贫乏的词汇得出了一个一致的结论:她最有风度。

其中的一个女孩子去给那位母亲倒水，回来时，脸颊红红的。她迫不及待地对自己的同学们说："你们猜，我倒水时她对我说了什么？"不等同学们猜，她就说了出来："她说谢谢。"

女孩子们面面相觑。在她们这样的年纪，在她们这么偏远的小县城里，没有谁用过、听过"谢谢"这两个字。这是一个多么新鲜、温暖的词汇啊。

之后，女孩子们开始争先恐后地去倒水，然后一个个脸红红地回来。轮到去倒水的女生甚至会有点儿紧张，她们总是害羞地走到那位"最有风度"的母亲面前，轻轻地加满水，红着脸听人家说一声"谢谢"。那个时候的她们，还不会说"不客气"。

那次家长会后，那个转学来的同学成为了所有同学羡慕的对象。大家都认为，她拥有一个最最幸福的家庭。从那次家长会后，那些窃窃私语的女孩子们学会了一个极温暖的词汇：谢谢。

在人和人之间，最容易建立起亲近感觉的方法就是礼貌。当我们每个人都开始使用那最简单也最温暖的词汇时，我们就能够得到最大限度的尊重。

在人生旅途上，每个人都接受过来自他人的帮助，对此，你是否认为理所当然？接受了别人的帮助之后，你是否想起说句"谢谢"？

有一批应届毕业生被导师带到杭州的某实验室参观，他们坐在会议室里等待实验室孙科长的到来。这时，一位实验室的服务人员来给大家倒水，同学们表情木然地看着她忙活，其中一个还问了句："有矿泉水吗？天太热了。"服务人员回答："抱歉，没了。"学生们顿时怨声一片。

只有轮到一个叫康辉的学生时，他轻声说："谢谢，大热天的，辛苦了。"这个服务人员抬头看了他一眼，满含着惊奇，虽然这是很普通的客气话，却是她今天得到的唯一一句感谢。

这时候，孙科长走进来和大家打招呼，可能大家已经等得不耐烦了，竟没有一个人回应，孙科长感到有些尴尬。康辉左右看了看，犹犹豫豫地鼓了几下掌，在康辉的带动下，同学们这才稀稀落落地跟着拍手，由于不齐，声音显得很零乱。

孙科长挥了挥手，说道："欢迎同学们到这里来参观。平时这些事都是由办公室负责接待，因为我和你们的导师是老同学，非常要好，所以这次我亲自来给大家讲一些情况。我看同学们都没有带笔记本，这样吧，王秘书，请你去拿一些我们部里的纪念手册，送给同学们作纪念。"

接下来，更尴尬的事情发生了，大家都坐在那里，很随意地用一只手接过孙科长双手递过来的手册。

孙科长的脸色越发难看，走到康辉面前时，已经快没有耐心了。就在这时，康辉很礼貌地站起来，身体微倾，双手握住手册恭敬地说了一声"谢谢您"。

孙科长闻听此言，不觉眼前一亮，伸手拍了拍康辉的肩膀："你叫什么名字？"康辉很礼貌地回答了自己的姓名，孙科长微笑着回到了自己的座位上。早已汗颜的导师看到此景，微微松了一口气。

两个月后，毕业分配表上，康辉的去向栏里赫然写着这个实验室的名字。有几位颇感不满的同学找到导师问："康辉的学习成绩最多算中等,凭什么选他而没选我们?"

导师看了看这几张因为年轻而趾高气扬的脸,笑道:"是人家点名来要的。其实你们的机会是完全一样的,你们的成绩甚至比康辉还要好,但除了学习之外,你们需要学习的东西太多了,礼貌便是重要的一课。"

成功看似偶然,却隐藏着必然。一声"谢谢",虽然微不足道,却体现了一个人的素养,也许能够在关键时刻改变人的命运。

一句谢谢,是对别人所付出劳动的一种肯定,是对别人所付出劳动的一种鼓励,更是对别人所付出劳动的一种最起码的尊重。仅仅是一声"谢谢",虽然只是一个简简单单的词语,却足以让人内心充满暖意,足以代表你的真诚。所以,家长要教会孩子时刻怀着感恩的心,学会道谢,并让道谢成为一种习惯。

星期天,王双骏的爸爸约了几个好朋友来家里吃饭。这几个朋友都是爸爸的"死党级"哥们儿,经常来家里一起玩。所以,他们来到王双骏家就跟自己家似的,毫不拘束,王双骏一家也不拿他们当外人。

这次,有一位叔叔给王双骏带来了一个非常漂亮的汽车模型,而且是王双骏最喜欢的"兰博基尼"。王双骏接过汽车模型便端详起来,喜爱之情溢于言表。可他却没有向叔叔表示谢意。此时,王双骏的妈妈从厨房里出来看到了车模,忙问王双骏有没有谢谢叔叔。王双骏憨笑了两声说道:"叔叔又不是外人,不用说谢谢了吧。"送他车模的那个叔叔也在一旁附和:"就是嘛,我们都是自己人,何必客气。"

王双骏的妈妈听了,对儿子说道:"自己人送了你礼物也要说声谢谢呀!你忘了你看过的故事书里,小浣熊是怎么向自己的家人表示感谢的吗?"听了妈妈的话,王双骏仍旧只是憨笑了两声,没有任何表示。妈妈要忙于做饭,没时间继续跟儿子讲道理,只好无奈地摇摇头离开了。

等客人们走后,妈妈来到王双骏房间,严肃地说:"叔叔送给你礼物,你为什么连一声谢谢都不说?"

王双骏撅着嘴反驳道:"叔叔总来我们家,我都把他当好朋友了,干吗非要说谢谢?"

妈妈觉得孩子在这一点上的认识存在误区,有必要好好教导一下。于是,妈妈对王双骏说道:"宝贝,你想过没有,叔叔送车模给你,难道就是人家应该的吗?虽然叔叔不是非得要你说声谢谢,但如果你说了,叔叔是不是会更开心呢?而且,这样会显得你更有礼貌。"

妈妈讲完这段话,王双骏眨巴了几下眼睛,似乎明白了其中的道理。他认真地点点头,对妈妈说道:"看来还是妈妈说得对,我不该因为觉得叔叔是自己人就这么不懂礼貌,以后我一定会注意,谢谢妈妈告诉我这个道理。"

说"谢谢"是最基本的礼貌,也是对别人起码的尊重。虽然只是简单的两个字,却是铸就孩子良好品质的开始。

父母作为孩子的第一任老师,需要教给孩子的东西太多太多,而最基本的就是要教给孩子拥有一颗感恩的心,学会对帮助自己的人说声"谢谢"。

5.创造机会,鼓励孩子自强自立

"天行健,君子以自强不息。"自强是流淌在中华民族文明血管中生生不息的血液。一个国家,只有自强不息才能屹立于世界民族之林;一个人,只有自强不息才能坚韧不拔,不畏困难与挫折,才能志存高远,为理想与目标执著追求。有教养的孩子懂得自强,知道自立。

正所谓"百学须先立志",古往今来,成就伟大事业的人,都是自立自强的人。自立,就是要依靠自己的努力做事情;自强,就是要能够战胜自己的弱点,克服困难,顽强拼搏。

一个1周岁左右的小男孩被年轻的妈妈牵着小手来到公园的广场前,前面是一个十几级的台阶。此时,小男孩挣脱开妈妈的手,准备自己爬上去。他用胖胖的小手向上爬,他的妈妈也没有抱他上去的意思。当爬上两个台阶时,他感到台阶太高,便回头看了一眼妈妈。妈妈明显没有伸手去扶他的意思,但眼睛里充满了慈爱和鼓励。小男孩又抬头向上看了看,他放弃了让妈妈抱的想法,继续手脚并用地向上爬。他爬得很吃力,小屁股抬得老高,小脸蛋也累得通红,那身娃娃服被弄得浑身是土,小手也脏兮兮的,但他最终还是爬上去了。年轻的妈妈这才上前拍拍儿子身上的土,在那通红的小脸蛋上亲了一口。这个小男孩,就是后来成为美国第16届总统的林肯,他的母亲便是南希·汉克斯。

教育孩子必须坚持一个原则：孩子自己能做的事情，就让他自己去做。然而，现在的家长对孩子总是一副"含在嘴里怕化了，托在掌上怕摔了"的模样，孩子是家里的小太阳，全家都围着他一个转。殊不知，对孩子过分宠爱、过度保护、过多照顾，是在剥夺孩子独立做事的机会，这将直接导致孩子缺乏独立性，生活能力低下，依赖性强，意志薄弱。

虽然父母为孩子做的一切都是出于对孩子的爱，但爱也是要讲智慧、讲方法的。孩子年龄较小，独立性是孩子自我发展的动力，是孩子全面发展的基点。一个孩子有了初步的独立性，去做力所能及的事情，爱动脑筋想问题，独立地从事一些活动，那他在身体、智力、情绪、性格、意志等方面就会得到更好的发展。如果家长对孩子过分关心、保护，一切包办代替，孩子就会缺少锻炼的机会，进而影响到他们各个方面的发展。

婷婷是家里的独生女，妈妈总是把她的生活事无巨细安排得十分周到，但婷婷却对妈妈的劳动不屑一顾。她总是不耐烦地说："妈妈，你烦不烦？我自己也能独自处理好自己的事情。"

妈妈想，那不妨创造一个机会，看看她到底行不行。于是，在一个周末，爸爸出差之后，妈妈也走了，只留下了一张字条，字条上写着："外公病了，我需要去照顾他，所以，也许三天，也许一个星期，我不会在家，希望宝贝能照顾好自己。"妈妈走的时候想：这下看你怎么办，离开妈妈，你是无法生活的，我要让你知道这个道理。

妈妈走后的第一天，婷婷尽情地玩耍，把房间弄得天翻地覆。第二天,她醒来一看,房子里乱糟糟的一片,不能再这样疯玩了,要好好安排一下,把房间打扫干净。

一个上午过去了,婷婷把房间打扫得干干净净,中午还照着菜谱给自己准备了午餐。

三天后,妈妈回来了,当她看到整洁的房间和穿着齐整的女儿时,突然间觉得自己很无知。"原来,孩子是具备独立做事的能力的。看来,以后要多给孩子创造独立做事的机会。"

当然,孩子独立自主能力的获得也并不是一帆风顺的。对孩子来说,他在成长道路上每前进一步都要付出代价,家长要有足够的耐心。

自立与自强总是结合在一起的。自强,意味着自力更生、奋发图强;自立,意味着在困难面前知难而进、顽强拼搏。一个人做什么事情都不能总想着依靠别人,要靠自己的双脚走出人生之路,靠自己的双手创造美好生活。

爱孩子是人类共同的情感,为了让孩子在失败面前不退却,在胜利面前更积极进取,在孩子很小的时候,父母就应该培养他自立自强的品格。

(1)带孩子参加社交活动的时候,要将孩子介绍给他人,让孩子感受到自己是独立的个体,能够启发他们产生自立的意识。

(2)给孩子安排一定的家务。每个孩子都有自己做事情的欲望,父母可以给孩子安排一些家务,赋予他们一定的责任。

(3)让孩子自己解决问题。例如,给孩子一个专属的书柜,让他自己管理。

(4)让孩子独立思考。比如,当孩子有问题的时候,父母可以说出一个不完整的答案，然后让孩子自己动脑筋得出圆满的答案。这样，在不知不觉之中，孩子就会养成"独立思考"的能力。

6.责任是成长的第一步

所谓责任心，就是责任感，是一个人对他所承担任务的自觉态度，包括对自己的责任、对他人的责任、对集体的责任和对社会的责任。

在一个雪天的傍晚，中士杰克先生匆忙地走在回家的路上。路过公园时，他被一个人拦住了："先生，打扰一下，请问您是一位军人吗？"这个人看起来很着急。

"是的，我是。我能为您做些什么吗？"杰克急忙回答道。

"是这样的，我刚才经过公园门口时，看到一个孩子在哭。我问他为什么不回家，他说自己是士兵，在站岗，没有接到命令是不能离开这里的。和他一起玩儿的那些孩子都不见了，估计是回家了。"这个人说，"我劝这个孩子回家，可他不走。他说站岗是自己的责任，必须接到命令才能离开，看来只能请您帮忙了。"

杰克心里一震，说："好的，我马上就过去。"

杰克来到公园门口，看见那个小男孩在哭泣。杰克走了过去，敬了一个军礼，然后说："下士先生，我是杰克中士，你站在这里干什么？"

"报告中士先生,我在站岗。"小男孩停止了哭泣,回答说。

"雪下得这么大,天又这么黑,公园门也要关了,你为什么不回家?"杰克问。

"报告中士先生,这是我的责任。我不能离开这里,因为还没有接到命令。"小男孩回答。

"那好,我是中士,我命令你现在就回家。"杰克对小男孩严肃地说。

"是,中士先生。"小男孩高兴极了,还向杰克敬了一个不太标准的军礼。

小男孩的举动深深地打动了杰克,这个孩子的倔强和坚持看起来似乎有些幼稚,但他所体现的责任和守信却是很多成年人都无法做到的。

责任心是一个人立足社会、获得事业成功至关重要的人格品质。现在许多父母都过多地注意孩子的智力和身体的发展,对孩子的责任心的培养却不大重视,这对孩子的成长很不利。

责任心是孩子健全人格的基础,是能力发展的催化剂。只有具备一定的责任感,人才能自觉、勤奋地学习、工作,做各种有益的事情,掌握各种技能。所以,家长必须从小培养孩子的责任感,以便他长大后能尽快适应社会,照顾家庭,完成本职工作,尽自己的责任和义务,成为优秀的人才。在大力提倡素质教育的今天,家长应该用自己的爱心、耐心和智慧去培养孩子的责任心。

郝佳自从星期天跟爸爸去了一趟植物园之后,就迷上了植物,她觉得那些娇艳的花儿是那么美丽。为了能够每天欣赏到这种美丽,郝佳请求妈妈给自己买一盆鲜花。

妈妈同意了郝佳的请求,周末时带她到花卉市场买了一盆茉莉花,并且告诉她:"你要照顾好这盆花,对它负责,要记得给它浇水施肥。"郝佳痛快地答应了。

开始几天,郝佳每天都会耐心地照顾这盆茉莉花,过两天就给它浇水,还会时不时地把花盆搬到太阳下面,让小花吸收阳光,并注意日照时间。

妈妈看到她如此有责任心,很是满意。可是一个月之后,妈妈发现郝佳给花浇水的次数越来越少,甚至一周都不浇一次,郝佳似乎已经忘记了茉莉花的存在。结果,茉莉花没了往日的茂盛,叶子都开始打蔫了。

又是一个周末,妈妈把郝佳叫到阳台上,问:"你给花浇水了吗?"

郝佳低头说:"没有。"

"难道你忘记了我们买花的时候,你答应要好好照顾它,要对它负责吗?"

"我……"郝佳不知道该怎么回答妈妈。

"你看,你对它不负责,这盆花的叶子都蔫了。"

郝佳不再说话,她立刻拿杯子接了一杯水,直奔小花而去。

之后,郝佳又开始像从前那样认真地照顾茉莉花。没几天,茉莉花就恢复了以往的生机。

由此可见,责任心是做好一切事情的基础。

作为家长,只有让孩子懂得了什么是责任,孩子才会认真去做好每一件事,才懂得去追求完美、追求卓越,从而使他的每一天都过得充实而有意义。

1922年7月4日(美国国庆节)前夕,一个11岁的小男孩用某种方式得到了一些禁止燃放的爆竹,其中包括威力很大的掼雷。下午,他来到罗克河大桥旁,背靠桥边一堵砖墙甩响了一只掼雷。随着一声震耳欲聋的巨响。他正在洋洋得意时,一辆汽车驶了过来,司机命令他上车。

"爸妈教导我不要上陌生人的车!"小男孩拒绝说。直到司机亮出警徽,他才听命上车。

到了警察局,他被带去见了局长,他认识那位局长,他经常和他父亲一起玩纸牌游戏。他希望能得到宽大处理,但局长马上给他父亲打了电话,把他的劣迹说得清清楚楚。不论交情如何,父亲必须付12.5美元的罚金,这在当时可是一笔数目不小的钱,局长严格执行了禁放爆竹的规定。

事后,父亲知道了事情的原委,但父亲并没有因为他年龄小而轻易原谅他,而是板着脸深思老半天,不发一言。母亲在旁"开导",父亲只冷冰冰对孩子说:"家里有钱,但这回不能给你,你应该对自己的过失负责。这12.5美元是我暂时借给你的,一年以后必须还我。"这件事迫使小男孩到处打零工偿还他欠父亲的债。

为了还父亲的债,小男孩一边刻苦读书,一边抽空辛勤打工挣钱。由于人小力单,重活做不得,他便到餐馆洗盘刷碗,或捡破烂。经过半年多的努力,他终于挣足了12.5美元,自豪地将钱交到了父亲的手里。父亲欣慰地拍着他的肩膀说:"一个能为自己过失负责的人,将来一定会有出息。"

后来那个小男孩参加总统竞选,并成功当选,他就是罗纳德·里根。

家长不能替孩子承担一切,否则会淡化孩子的责任意识。只要是孩子独立行为的结果,家长就要鼓励孩子敢作敢当,不要逃避责任。

孩子发生过失的时刻也可以称为教育孩子的"关键时刻"。如果处理不当,孩子也许会毫不在意,根本意识不到自己应负的责任,或者因过于恐惧而导致精神崩溃;如果处理得当,孩子可能会吃一堑长一智,由此走向成熟,成为一个富有责任感的现代人。所以,当孩子犯错时,家长应恰当地引导孩子,培养他的责任意识。

7.引导孩子在失败中成长

虽说"失败是成功之母",但大家都更喜欢成功,没有人愿意经历失败。其实,失败也有其价值,对于孩子来说更是如此。只要父母能够正确引导,失败也能成为孩子成长的契机。

王岚是六年级的学生,她不仅漂亮,学习也很好,每次考试都是全年级的前三名。一次,区里要进行各校之间的比赛,学校选派了王岚去参加。

王岚很兴奋,但也有点紧张,老师和爸爸妈妈都鼓励她,说只要发挥正常，拿名次没有问题。

比赛那天，王岚看到操场上站满了各个学校的老师、领导还有家长，他们不停地给即将参加比赛的孩子说着要求。见到这番场景，她一下子就紧张了起来，感觉整个人都在发抖，结果在比赛中，王岚发挥失常，不但没有拿到名次，还被远远地甩到了50名之后。她哭得很伤心，甚至不敢去上学。

爸爸领着王岚去郊外散心，路上给她讲了许多成功成名的科学家、残疾人面对失败和挑战自强不息的故事，鼓励王岚向他们学习，相信自己。爸爸告诉她，在人生成长的道路上，失败是很正常的，没有人能百战百胜，有智慧的人会利用失败，接受挑战，迎来下一次成功。

很快，王岚就从这次失败中站了起来，不再计较一两次的考试失利。在后来的升学考试中，她以第一名的成绩考入了自己理想的学校。

很多父母一门心思扑在孩子身上，天天在孩子耳边念叨"成绩要好"、"要努力"、"不能掉队"之类的话，到了考试或者比赛的时候，更是比孩子还着急，不厌其烦地嘱咐孩子一定要考好，不许失败。

这样的心情可以理解，但对孩子却是有害无益。孩子只是孩子，他没有生活的阅历与经验，还处在人生中最初摸索的阶段，他有权利失败。

爸爸和女儿做了一个约定：女儿捏冰块15分钟，爸爸送给她一本好书。

爸爸从冰箱的冷冻柜里取出一块大大的冰块,递给女儿,让女儿一直握着它。女儿刚握了两分钟,就感到骨头钻心地疼。但不肯服输的女儿为了赢得这场比赛,用另一只手拿起旁边的药瓶,认真看上面的详细说明,借此转移注意力。坚持到第五分钟后,女孩感觉手部的骨头都要冻裂了,但离15分钟还有很长时间,于是,她继续坚持着。

又过了两分钟,她的手已经被冻得麻木了。直到坚持到第15分钟,女儿发现自己的手已经变成了紫红色,感觉火辣辣的。这时,她把所剩不多的冰块放下,再摸其他的东西,感觉都很烫。心疼女儿的爸爸赶紧帮她用水冲手。

为了表示对女儿战胜冰块的奖励,爸爸送了她一本好书。女儿为此欢呼雀跃,丝毫没有顾及手的疼痛。

正是由于这种训练,让这个女孩练就了坚强的品格,并感受到了勇敢带来的乐趣。最终,她在学业上取得了优异的成绩,考取了哈佛大学。

这位父亲的"残酷"做法并非所有父母都能接受,我们要感受的,是孩子从中被训练出来的顽强意志力。

生活中,父母可以适当地和孩子谈论自己的事业及家庭生活遇到的挫折和不如意,让孩子逐渐地对挫折有一个全面的认识,为孩子正确对待各种挫折树立榜样。这样一来,父母对生活的热爱、执著、不怕困难的态度和坚强的意志,就会成为孩子面对挫折时最强有力的精神支柱。

每个人在受到挫折时都会产生消极情绪,渴望别人来了解自己内心的痛苦。只有在得到别人富有同情心的理解之后,我们才能恢复内心的平静,冷静而理智地反省自身,接受别人的批评与建议,寻求解决问题的办法,从挫折中站起来。所以,孩子面对失败时,家长应该用信任鼓励孩子,让他从失败中学习,从失败中吸取教训,获得肯定和自信,获得战胜失败的勇气和能力。

哪个做父母的不是在磕磕绊绊中走过来的?所以,请宽容孩子,把失败的权利还给他们。允许孩子失败,就等于是给了他锻炼自己意志力的机会,也给了他增加自己阅历的机会。

其实,在生活中,让孩子适当地承受一些失败是很必要的。父母必须让孩子知道,每个人都有失败的可能,失败并不可耻,更不可怕,可怕的是失败了不敢面对,不去改正。